엄마, 아빠만
사교육 하면 된다

엄마, 아빠만 사교육 하면 된다

발행일	2016년 5월 27일		
지은이	신 현 승		
펴낸이	손 형 국		
펴낸곳	(주)북랩		
편집인	선일영	편집	김향인, 서대종, 권유선, 김예지, 김송이
디자인	이현수, 신혜림, 윤미리내, 임혜수	제작	박기성, 황동현, 구성우
마케팅	김회란, 박진관, 김아름		
출판등록	2004. 12. 1(제2012-000051호)		
주소	서울시 금천구 가산디지털 1로 168, 우림라이온스밸리 B동 B113, 114호		
홈페이지	www.book.co.kr		
전화번호	(02)2026-5777	팩스	(02)2026-5747

ISBN	979-11-5987-061-3 03370(종이책)	979-11-5987-062-0 05370(전자책)

이 도서의 국립중앙도서관 출판예정도서목록(CIP)은 서지정보유통지원시스템 홈페이지(http://seoji.nl.go.kr)와
국가자료공동목록시스템(http://www.nl.go.kr/kolisnet)에서 이용하실 수 있습니다.
(CIP제어번호 : CIP2016012494)

성공한 사람들은 예외없이 기개가 남다르다고 합니다.
어려움에도 꺾이지 않았던 당신의 의기를 책에 담아보지 않으시렵니까?
책으로 펴내고 싶은 원고를 메일(book@book.co.kr)로 보내주세요.
성공출판의 파트너 북랩이 함께하겠습니다.

엄마, 아빠만
사교육 하면 된다

신현승 지음

자녀를 창조적 인재로 키우기 위해
지금 당장 결별해야 할 몇 가지

북랩 book Lab

글쓴이의 독특한 이력

1999년부터 입시학원에서 아르바이트 시작

2002년 특목고 입시학원 과학고반 강사

2005년 특목고 전문 학원 신현승 원리과학학원 개원

2009년 사교육걱정없는세상 '아깝다학원비!' 소책자 100권 구입 (학원 부모님들께 나눠줌)

2010년 김해 사교육걱정없는세상 지역 대표

2011년 사교육걱정없는세상 대표 강사

2011년 대안 학원 자기주도학습관 학원 개원 (신현승 원리과학학원에서 이름 변경)

2012년~2013년 사교육걱정없는세상 지역 모임 전국대표

2012년 백지연의 끝장토론 '사교육 법적 금지 청원하라.' 시민 패널 참가

2012년 팟캐스트 '김해꼼수다' PD

2013년 팟캐스트 '아깝다학원비!' PD

2013년 김해 '행복한 김해를 꿈꾸는 시간 15분' 행사 연출

2013년 한겨레신문 '사교육 탈출' 인터뷰

2013년 8월 10일 경남 MBC '사람IN세상' 출연

2013년 11월 학원 폐원

2014년 3월 2일 창원 KBS 포커스 경남 '선행학습 금지법 실효성' 토론 출연

현 팟캐스트 '민중가요', '우리동네', '김소통' PD

엄마, 아빠만
사교육 하면 된다

현 김해 구봉초등학교 운영위원장
현 사교육걱정없는세상 100인 강사
현 사교육걱정없는세상 상담위원
현 독립 언론 '김해소리통' 준비위원장

　연도별로 나열하니까 사람 냄새가 안 나죠? 그런데 위 일들을 재밌게 적으려고 하니 뒤에 나올 이야기들과 겹치네요. 사교육 시장에서 사교육 논리로 먹고살았던 사람이 어느 순간 갑자기 변한 것은 아니지만, '사교육걱정없는세상'을 만나고 나서 다른 인생을 제대로 살 기회를 잡았습니다. 인생의 멘토도 만났고 그분의 죽음을 계기로 다시 새로운 인생을 살게 되었지요.

　우리 삶에서 수많은 선택과 그 선택에 따른 책임을 어떻게 져야 하는지 생각하는 과정에서 나오게 된 책이 '엄마, 아빠만 사교육 하면 된다!'입니다. 이 책을 단 한 사람에게 바치라고 한다면 망설임 없이 故남용식 선생님을 이야기하고 싶습니다.

교육의 고통은 삶의 고통이고 우리 사회의 고통입니다. 교육이 바로 선다는 것은 어쩌면 우리 삶의 근본부터 새롭게 한다는 것이 아닐까 싶습니다. 제 이야기 여기까지 읽으셨다면 뒤 이야기도 놓치지 마세요!

아! 그리고 이 부분은 가장 마지막에 집필하게 되었습니다. 곽현미 선생님 감사합니다.

차례

①

불필요한 사교육 줄이기

01
·········

사교육 받으면 정말 성적이 오를까?

필자가 학원을 운영했을 때 원장 선생님들과 나누던 이야기 중 '학원 원장은 자기 아이를 학원에 보내지 않는다.'라는 말이 있었습니다. 물론 자녀를 학원에 보내는 분들도 있지만, 이 말은 진짜 능력을 키우는 데 학원이 도움되지 않는 걸 알고 있다는 뜻입니다. 심지어 학원에 보내면 잘못될 수 있으므로 보내지 않겠다는 뜻도 있어 알만한 분들은 다 아는 이야기입니다.

'사교육을 받으면 성적이 오를까?' 정말 중요한 문제임에도 이 부분에 대해서 자신 있게 이야기하는 사람을 찾기란 쉽지 않습니다. 찬반 토론을 붙여도 끝이 나기 힘들 겁니다. 현재까지 제가 정리한 진실은 '초등학교 저학년일 때 사교육을 받으면 성적이 오를 가능성이 크지만, 고등학교 고학년으로 갈수록 효과가 없을 가능성 역시 커진다.'입니다.

대부분의 사람이 교육을 처음 접할 때는 언어를 익히는 과정에서 일 것입니다. 한글이나 영어를 처음 배울 때(가르칠 때) 암기 위주의 교육이 될 수밖에 없기에 사교육을 받게 한 후 성취도를 확인하면 당연히 좋은 결과가 나올 수밖에 없습니다. 영어학원에 다니는 아이가 단어 몇 개를 이야기하거나 문장을 말하면 처음 몇 번은 놀랍고 예뻐 보이지만 그것은 단순한 암기의 결과일 뿐입니다.

어릴 적 암기식 교육을 통한 사교육 효과를 고학년 아이에게 기대하면 어떻게 될까요? 요즘은 중학교만 올라와도 서술형 평가가 진행됩니다. 고등 수학을 언급하지 않더라도 사고력이 암기력으로 발전하지 않음은 모두가 아는 사실입니다. 이 책에서 이야기할 다양한 주제들을 함께 고민한 후, 사교육을 받으면 정말 성적이 오를지, 우리가 진정으로 관심을 가져야 할 주제는 무엇일지 생각해 보면 좋겠습니다.

저마다 다른 이유로 사교육을 받지만, 우리가 흔히 이야기하는 목적인 '기본적인 학습능력 및 교과 성적 향상'은 사교육 효과에 의문을 가지게 합니다. '성취도를 높이기 위해서 사교육을 받고 학원에 보낸다.'라는 말을 하기에 앞서, 우리가 알고 있는 사실을 인정해야 합니다.

"사교육 효과? 글쎄…"

사교육이 약이 아닌 독일 수밖에 없는 이유를 이 책 곳곳에서 이야기하겠습니다.

엄마, 아빠만
사교육 하면 된다

02

. . . .

필요한 사교육은 있다

사교육이란 뭘까요? 먼저 사교육에 대한 정의부터 내리겠습니다. 보편적으로는 '공교육이 아닌 교육'을 모두 사교육의 범주로 보면 되겠습니다. 영유아시절 문화센터 강좌와 초등학교 방과 후 수업도 사교육으로 보는 것이 맞지요. 특히 방과 후 수업은 정규 수업시간에 모두 해결했어야 함에도 그러지 못해 수업 외 시간을 이용하는 사교육입니다.

정말 필요한 사교육은 흔히 말하는 '복습' 위주의 교육과 의무교육에서 아직 시원하게 해결하지 못하는 '아이들의 적성에 따른 예체능' 과정들이 아닐까 합니다. 물론 복습 위주의 교육도 공교육 안에서 이뤄져야 하겠지만, 예체능과 마찬가지로 의무교육에서 해결하지 못하는 부분은 필요하다면 사교육의 도움을 받으면 됩니다.

그렇지만 필요한 사교육이라 해도 이 책에서 언급될 사교육의 부작용에서 자유로울 수는 없습니다. 언제라도 필요 없다면 그만두면 되는데, 그동안 해왔던 것이 아까워서 아니면 최소한 어느 정도까지는 하고 그만두겠다는 이유로 정말 필요한 무언가를 할 기회를 빼앗을지도 모릅니다.

이 책에서 하고 싶은 말은 아이들 대부분의 경우 복습을 위해 굳이 사교육을 받지 않아도 된다는 사실입니다. 이 책에서 다루는 다양한 주제를 아이들과 함께 읽고 고민해 주신다면 각자의 기본적인 학습능력을 정의하고 습득하는 방법을 찾을 수 있을 것입니다.

03
. . . .

교육 선진국에서는 불필요한 이야기

우리 아이와 많은 시간을 함께 보내는 선생님으로부터 호출을 받습니다.

> "○○○ 어머니(아버지) ○○이와 관련해서 어머니(아버지)와 상의할 이야기가 있습니다. 방문해 주실 수 있으신가요? △△일에 뵐 수 있으면 좋겠습니다."

이런 연락으로 선생님을 만나서 좋은 이야기만 듣는 경우는 거의 없을 것입니다. 우리 아이가 조금 유별나기는 하지만 아이의 잘못인 듯 이야기하는 선생님과의 대화는 하고 싶지 않지요. 우리 아이가 잘못일 수도 있지만, 가끔은 아이의 문제가 아니라 부모의 문제로 보기도 합니다. 그럼 정말 부모의 문제일까요?

　엄마 모임에서 나온 이야기를 살펴봅시다. 학습 위주가 아닌 자유롭게 뛰어노는 것에 중점을 뒀던 유치원 출신 아이 여러 명이 같은 학교에 입학했습니다. 그리고 며칠 만에 학교 수업시간에 떠들고 급식할 때 줄도 잘 안 서고 말을 안 듣는 아이들을 보니 대부분 그 유치원을 나온 아이들이라고 소문이 났다네요. 유치원 보낼 때는 좋았는데, 기본 교육도 안 받은 것처럼 취급을 받으니 부모가 죄를 지은 것 같다고 하시더군요.

정말 부모가 문제일까요? 아니면 아이들이나 자유롭게 아이들을 지도한 유치원인가요? 누구는 학교나 선생님의 문제라고 이야기할 수 있을 것입니다. 아이의 다양성을 인정하거나 그만큼은 아니더라도 아이들을 대할 때 아이가 다를 수도 있다는 것을 최대한 받아들인다면, 그 아이를 문제아로 보기 전에 그것을 개성으로 봐주지 않을까 생각해본 적 없으신가요?

가정도, 학교도 역할이 있기 때문에 책임을 물을 수 있지만, 이것은 가정만의 문제도 학교만의 문제라고도 할 수 없습니다. '아이들이 문제'라고 하는 것 또한, 해결하기 위한 시작점은 아닙니다. 우리가 흔히 교육문제라고 이야기하거나 이 책에서 이야기하는 내용의 대부분은 교육 선진국이라는 나라에서는 불필요한 내용이라는 것만 인정해도 여유가 생길 것입니다. 대한민국이기 때문에 이 책이 쓸모 있다고 생각합니다.

교육 선진국하면 떠오르는 나라가 있으신가요? 스웨덴, 덴마크, 독일, 핀란드, 프랑스 등이 있겠죠? 인터넷과 정보화 시대에 맞게 각 나라의 최신 교육정보는 부모와 아이들이 더 빨리 알게 되는 시대입니다. 교육 선진국의 문화와 정책을 우리 환경에 바로 적용할 수는 없겠지만, 왜 그들은 교육선진국이라 불리고 아이들과 부모가 상대적으로 행복한 나라가 되었는지 연구하고 공부하는 것에는 끝이 없는 것 같습니다.

하지만 분명한 건, 어려운 환경임에도 불구하고 우리도 충분히 행복할 수 있고 교육문제를 남부럽지 않게 해결할 수 있다는 것입니다. 교육 선진국에서는 불필요한 이야기인 지금의 교육문제는 엄마, 아빠 탓도 아이 탓도 아닙니다. 우리가 함께하면 우리 세대에서는 입시 고통과 불필요한 사교육이라는 고리를 끊을 수 있습니다.

엄마, 아빠만
사교육 하면 된다

04

....

나는 사교육 몇 세대?

과외가 전면 금지됐던 시절도 있었지만, 그 시절에도 여유 있는 사람들은 몰래몰래 사교육을 받았습니다. 하지 말라고 했지만 몰래 하기라도 한다면 무조건 효과를 본다는 생각들을 했던 시기가 아닌가 싶습니다. 그런 시절을 보냈기에 사교육에 대한 고정관념이 있는 것은 아닌지, 내가 사교육 몇 세대인지 생각해 보는 시간을 가져 보셨나요? 자신이 몇 년도에 중고등학교에 있었는지 참고해서 생각해 보시면 됩니다.

자신이 사교육 몇 세대인지 부모님이 알게 된다면 자신의 경험을 바탕으로 자녀를 지도할 수 있습니다. 자녀가 어떤 시행착오를 겪고 있는지 알게 될 것입니다. 사교육의 역사를 안다는 것은 구조적으로 우리가 사교육을 받을 수밖에 없는 이유를 알게 되는 동시에 불필요한 사교육을 받을 수밖에 없었던 이유도 알 수 있습니다. 부모의 마음에서는 불필요한 사교육이라도 다른 아이들이 다 하는데, 우리 아이만 안 하는 것이 싫어 시킬 수밖에 없겠지요.

세대	시기	연도	특징	고교졸업자 대학진학률
1세대	과외 금지 시절	1980 ~1989	- 일부 부유층에서만 진행됨 - 사교육이 특별히 필요하다고 생각하지 않음	33% 미만
2세대	과외 금지 일부 해제 후 학력고사 시절	1990 ~1993	- 단과 전문 학원 전성기 - 명문대생 위주 개인과외 성행 - 사교육을 문제로 보기보다는 기회로 인식	38.6%
3세대	수능 입시 시작 후 IMF 전	1994 ~1997	- 내신 종합학원 등장 - 수능 대비 전문 학원 등장 - 골목 사교육 시작	60.1%
4세대	IMF 이후	1998 ~2000	- 스파르타식 내신전문 종합학원 인기 - 학원통학 차량운행 - 상대적인 안정을 보장받는 공무원과 교사 직업 인기 상승	68%

엄마, 아빠만
사교육 하면 된다

5세대	2002년 영재학교 설립 이후 특목고 열풍 시대	2001 ~2009	- 과외 전면허용 - 특목고 반을 가지고 있는 종합학원등장 - 브랜드 학원 전성기 - 영어전문학원/영어유치원 - 올림피아드 등 다양한 경시 대회 붐 - 사설 및 EBS 인터넷강좌 - 초등 영재교육원 입시 - 학원 뺑뺑이 시대	81.9%
6세대	2007 김포외고 입시 사건 이후 내신 위주 특목고 입시제도 변화	2009년 후반 ~2012년	- 소수전문/영수전문학원/ 공부방 확장 /대형입시학원의 추락 - 자기주도학습 유행	71.3%
7세대	금융위기 이후, 2012년 이후	2012~ 현재	- 전문 학원 및 공부방 1:1 과외식 수업으로 전환 중 - 초등학생 급격한 감소 - 학원 시장의 포화	70.9%

필자는 사교육 2세대로, 대입을 앞두고 단과전문학원에서 영어와 수학 중심으로 사교육을 받았습니다. 매달 선생님을 선택하고 원하는 시간대를 찾아 등록했는데, 인기 있는 강좌의 경우 새벽부터 줄을 서서 신청했던 기억이 나네요. 대학 진학률이 30%대였기 때문에 실업계 고등학교 진학 후 졸업해서 취업하는 것이 사회적으로도 진로에 있어서도 당연한 길이었습니다.

하지만 노태우 정부와 김영삼 정부 시절인 1991년부터 1997년 사이에 상황이 달라졌습니다. 신설 대학의 증가 및 입학 정원의 확대로 대학 진학률이 가파르게 상승했고 경제위기의 여파와 맞물려 전문계고를 졸업한 후 취업을 못 한 졸업생의 수가 늘어났습니다. 경제위기 직전인 1997년에는 4,700명 그다음 해에는 16,500명으로 무려 4배나 늘어났습니다. 입시 위주의 공부가 인생의 해법이 아님에도 사회 환경과 구조는 대학 입시 외에는 다른 길을 만들어주지 못했습니다. 이 시기에 해당하는 4세대부터 우리가 말하는 사교육의 문제를 안고 사는 세대가 아닐까 합니다.

필자가 학원에서 학생들을 가르친 것이 1999년 말부터이니 IMF로 사교육 시장이 한번 크게 휘청하고 구조조정하던 시절입니다. 학원 차량을 운행하는 동네 골목학원에서 학생들과 부대끼며 지냈습니다. 시험이 끝나는 주말에는 부모님 허락을 받아 아이들과 피시방에서 밤새도록 스타크래프트를 하며 나름의 정을 주고받았습니다. 특목고 전문학원에서 과학고 반을 맡을 때까지 일요일에는 잘 쉬었지만 2002년부터는 '월화수목금금금'의 생활을 했네요.

학원 초기에 만났던 아이들은 지금 사회인이 되었고 누구는 결혼해서 아이까지 있습니다. 이 시절을 보낸 사교육 4세대는 내신 종합학원에 대한 기억이 다른 세대보다는 긍정적인 추억으로 제법 있을 것 같습니다. 그때 사회의 문화가 사교육 맹신까지는 아니었기 때문에 선행과 입시 위주의 사교육보다는 보육의 성격이 상대적으로 강했던 시기였지요. 자녀 지도에 있어 부모들의 불안과 조급함은 전반적으로 크지 않았던 시절이었다고 생각합니다. 고등학교 졸업생의 대학진학률이 70%에 육박했기 때문에 진로만 놓고 본다면 다른 길을 보기란 쉽지 않았을 것입니다.

5세대는 필자가 특목고 전문 강사로 활동한 2002년 이후 입니다. 사교육 5세대의 경우 우리가 말하는 문제의 사교육을 거의 포함하는 세대이고 5세대의 고통은 심각한 여러 가지 사회문제를 만들었습니다. 초등학생들도 자살로 내모는 해결책이 안 보이는 악순환의 반복이었습니다.

2002년은 부산에 있는 우리나라 최초 영재학교에서 처음으로 신입생 선발을 했고 '특목고 전문 종합학원'이라는 말이 빠르게 전파되던 해였습니다. 45분 수업에 10분 휴식이었던 그전의 학원 수업들이 하루에 한 타임이라도 더 수업하기 위해 43분 수업에 2분 휴식으로 바뀌고 토, 일요일 주말특강수업이 일반화되었으며 일반 반과 특목고 반의 구분 등 사교육에도 서열과 계층이란 것이 구조적으로 자리잡게 됩니다.

특목고 바람은 그전까지 인기가 보통이었던 외고를 최고의 진학 고교로 인식하게 만들었습니다. 또한, 자립형 사립고와 초등, 중등과정의 영재교육원까지 입시전쟁을 대학에서 고등학교로 다시 고등학교에서 중학교와 초등학교까지 내려오게 했습니다.

IMF 이후 집안에 쌓아놨던 현금을 꺼내 두 군데 투자하는 것이 상식이었다는 말이 있습니다. 그때 그 두 곳 중 하나가 땅(집)이고 나머지 하나가 입시교육입니다. 고액의 사교육 바람은 2000년대 말까지 당연한 것이 되었고 현재는 특목고 입시 요강이 내신 위주로 바뀌었지만, 이때의 바람은 다양한 형태로 남아서 여전히 부모의 능력이 아이의 성적과 동일시되는 분위기입니다. (앞으로 계속 이야기 하겠지만, 부모가 경제적 능력으로 아이들을 사교육 환경에 많이 노출 시킬수록 결과는 의도한 방향과는 다르게 나타날 가능성이 큽니다.)

지금 5세대 아이들은 대부분 대학을 졸업하고 사회에 나와 최악의 취업 환경 속에서 고군분투하고 있습니다. 광풍의 사교육환경에서 입시와의 전쟁을 치렀지만, 사회는 이 아이들에게 능력을 발휘할 조건을 제대로 만들어주지 못했습니다. 입시 사교육의 광풍 세대인 5세대에 대한 다양한 연구가 진행되기를 바라봅니다. 이 세대의 아이들의 삶이 원하는 방향으로 가든 가지 않든 그 이유를 찾다 보면 우리가 고민하는 바람직한 교육에 대한 답이 나오지 않을까 생각합니다.

4세대와 5세대의 교육 고통 속에서 시민교육단체인 사교육걱정 없는세상이 탄생한 것이 아닐까 싶습니다. 사교육걱정없는세상에 대해서는 이 책에서 따로 말씀드리겠습니다. 사교육걱정없는세상이 2008년 탄생하고 만 8년이라는 시간이 흘렀습니다. 그동안 대한민국 교육환경에 다양한 파열음을 냈고 불가능하게 여겨졌던 우리나라의 교육문제들이 해결될 수 있다는 여러 가지 만족스러운 성과물을 냈습니다. (특목고 입학전형의 변화, 선행교육 규제법시행, 수학 학습량 감소, 영어 절대평가 등)

지금 사교육 시장은 일대의 전환기를 앞두고 구조조정이 한창이라고 생각합니다. 종합학원보다는 전문학원이 많고 그 전문 학원들보다 공부방이 더 빠른 속도로 생겨나고 있는 데다가, 점점 수업을 1:1 위주로 진행하고 있습니다. 10년 전에는 사교육 시장이 만든 상품을 선택적으로 수용했다면, 지금은 학생과 학부모의 주도로 사교육 환경이 바뀌고 있다고 할 수 있습니다. 다양한 정보와 사교육 환경이 알려지고 변화하고 있어 입시 사교육을 주업으로 하는 사교육 시장은 그 누구도 안정적인 성공을 보장하기 힘든 상황입니다.

자신이 사교육 몇 세대인지 찾으셨나요? 사교육에 대한 어떤 경험과 기억을 가지고 아이들에게 사교육을 어떻게 이야기하고 있나요? 우리 아이들은 엄마, 아빠와는 다른 환경에서 사교육을 받고 있습니다. 엄마, 아빠의 경험은 참고 사항일 뿐 그대로 적용하면 탈 난다는 거 기억해 주세요.

'사교육이 문제가 아니라 우리 아이가 하나의 존재로서 어떤 환경에서 어떠한 경험과 기회를 받아 자신을 완성해 나갈지에 대한 질문과 답이 진정한 문제'임을 말씀드리면서 다음 이야기 계속하겠습니다.

05

. . . .

기본 학습력 확인부터

　기본적인 학습력을 뭐라고 생각하시나요? 책상 앞에 앉아 나름 대로 열심히 했는데 학습한 내용이 오래가지 않는 경우가 많습니 다. 학습한 후 그 내용에 대해 스스로 자신이 있을 때 효과적인 학습했다고 이야기하지만 그 기준도 사람마다 다릅니다.

　EBS에서 방영된 다큐 프라임 '시험' 시리즈를 보면 서울대학교 학생들도 A+ 학점을 받기 위해 교수님의 강의를 그대로 외우는 것을 볼 수 있습니다. 교수님과 다른 생각은 배제한 채 답을 적어 야지만 좋은 성적이 나온다고 합니다. 그렇다면 기본 학습력은 반복과 숙달을 통한 암기일까요? 기본적인 학습력이란 '공부한 내 용을 하루가 지나기 전에 책을 보면서 다른 사람에게 설명할 수 있는 것'이 아닐까요? 외워서가 아니라 책을 보면서 공부한 내용을 설명하는 것 말이지요.

하지만 엄마, 아빠를 비롯해 대한민국에서 정상적으로 공부했다고 하는 사람들은 학습한 것을 점수로 평가 받는 것에 익숙하지, 말과 행동으로 표현하는 것에는 익숙하지 않습니다. 이렇게 되면 실제로 충분히 이해하지 못한 것을 제대로 확인받지 못할 뿐 아니라 할 필요가 없으니 알고 있다고 생각하고 넘어가는 경우가 많지요.

학습력이 떨어지는 사람의 경우 상당수 우리글을 읽고 이해하는 능력이 낮은 경우가 많습니다. 수학과 외국어를 제외한 대부분의 과목은 글을 읽어 이해하고 그것을 다시 말로 표현하는 과정에서 자신의 것으로 만드는 것을 기본적인 학습능력이라고 말할 수 있습니다.

학습방법에 따른
학습 후 24시간 지나고 남아있는 학습내용 %

- 5% 강의
- 10% 독서
- 20% 시청각 교재 활용
- 30% 실험 수업
- 50% 토론
- 75% 연습
- 90% 학습의 즉각적인 활용 / 다른 사람 가르치기

엄마, 아빠만
사교육 하면 된다

복습만 제대로 하면 공부한 것의 70% 이상을 자신의 것으로 만들 수 있는 반면에 공부한 것을 다른 사람에게 가르칠 수 있다면 90% 이상을 자신의 것으로 만들 수 있다고 합니다. 일반적인 고등학생이 학교에서 배운 것을 복습하거나 다른 사람에게 가르치기 위해서는 상당한 시간이 필요하기에, 이 시대의 아이들이 매일 이것을 해낸다는 것은 시간적으로 매우 어렵습니다.

야간자율학습을 9시 넘어서까지 하고 주말에도 학교에 나가는 우리나라 학생들에게 이것은 현실적인 방법이 아니라고 생각하는 분도 계시겠지만, 그날 배운 것을 그날 책을 보고도 설명할 수 없는 학생이 학원에 다니고 각종 입시를 준비한다는 것을 정상이라고 이야기할 수도 없습니다.

기본적인 학습능력을 높이고 그 능력을 실제 생활에서 바로 활용할 수 있는 구체적인 방법에 대해 말해봅시다. 강의를 듣거나 스스로 공부를 할 때 당장 외우거나 이해하려고 하기보다 '내가 이 내용을 책을 보고 설명할 수 있을까, 없을까?'를 판단해야 합니다. 책을 보며 설명하면서 이해하려고 노력하면 생각보다 쉽게 뇌의 깊숙한 곳에 지식이 쌓이는 것을 느낄 수 있을 것입니다. 실시간으로 강의 들을 때 책을 보고도 설명할 수 없을 것 같다는 부분이 나오면 별도 표시하고 강의 중간이나 쉬는 시간에 다시 검토하고 필요하면 질문하거나 추가 자료를 찾아보면 됩니다.

자신이 좋아하는 것, 사람들 앞에서 공연하거나 이야기한 내용은 특별히 복습하지 않더라도 오래 기억되는 경험은 누구나 가지고 있을 것입니다. 다른 사람에게 보여주기식 공부가 아니라 실제 내가 알고 있다는 느낌을 받을 수 있는 학습 방법이 '매일, 그날 배운 것을 다른 사람에게 설명하는 것'임을 경험해 보기 바랍니다. '강의를 들을 때 관련된 자료를 보고 설명할 수 있을까, 없을까만 확인하기.' 말이죠!

공부 잘하는 학생은 시험 기간에 친구들에게 둘러싸여 질문을 많이 받으니 설명할 기회가 많은 것이 당연한데요. 알고 보면 실력이 좋지 않을 때도 친구들과 서로 물어보면서 공부하는 습관이 성취도를 올리고 나중에 인정받는 실력자가 되어 더 많이 가르치는 기회를 얻어 성취도를 더 높게 하는 경우가 많습니다. 사실 이 방법은 간단하지만 처음에는 실천하는 것이 어려울 수 있습니다. 배움은 설명하는 것이 기본입니다. 누구나 학습 능력의 기본으로 '책을 보고 설명할 수 있는 능력'을 함양하기 위해 노력하면 좋겠습니다. 마찬가지로 이 책을 읽고 나서도 누군가에서 책을 보고 설명할 수 있으면 됩니다.

엄마, 아빠만
사교육 하면 된다

국어, 수학, 과학, 사회, 역사, 영어를 못하는 것이 아니라 '글을 읽고 해석하는 능력, 비판적인 사고, 문제해결능력, 의사결정능력, 의사소통능력' 등이 발달하지 않은 것입니다. 다음 주제에서 조금 더 이야기해 보겠습니다.

06
....

밥상머리 교육으로 시작해서
밥상머리 교육으로 마무리하자

　우리 아이는 앞에서 말한 기본적인 학습능력이 어느 정도 될까
요? 전문가에게 확인하지 않아도 알 방법이 있습니다. 우리 아이
가 그날 있었던 자신의 경험을 다양한 감정으로 부모와 이야기할
때를 보면 되지요. 그렇다면 하루 중 우리 아이와 맘껏 이야기할
수 있는 때, 우리 아이가 나에게 신나게 이야기할 때는 언제일까
요? 집집마다 차이는 있겠지만 대부분 저녁 식사 시간이 아닐까
싶습니다.

　저녁을 보통 몇 시에 먹나요? 그 시간에 온 가족이 모일 수 있
을까요? 매일은 어렵다면 최소한 일주일에 한 번 이상 온 가족이
함께 모여 식사를 하며 그동안 하고 싶었던 이야기를 맘껏 하는

엄마, 아빠만
사교육 하면 된다

시간이 되면 좋겠습니다.

자! 그럼 밥 먹을 때 우리 아이는 맘껏 이야기하는 편인가요? 원래 아이가 과묵해서 좀처럼 이야기를 하지 않는다고요? 아이가 하루 중에 가장 흥분해서 이야기할 때를 잘 들어보면 우리 아이가 어느 정도 논리적으로 이야기하는지, 단어만 나열하는지 알 수 있습니다. 평소 좋아하는 일을 이야기할 때를 생각해 봐도 우리 아이가 그 날 배웠던 것을 책을 보고 설명할 수 있는 능력이 있는지 짐작할 수 있습니다.

물론 배운 것을 책을 보고 설명하는 것과 하루 중에 있었던 일을 설명하는 능력이 정확하게 일치하지는 않지만, 자신의 이야기를 맘껏 할 수 있는 아이라면 학습에 집중할 시기가 되면 '배운 것을 책을 보고 설명하는 능력'이 빛을 발하게 될 것입니다.

'밥 먹을 때 환경, 즉 밥상머리 환경'을 생각해 봅시다. TV를 켜고 먹기 때문에 조용해야 하나요? 할 이야기는 밥 먹고 해야지 밥 먹을 때는 용납하지 않으셨나요? 식사 중의 이야기 주제는 공부 등으로 주로 아이들보다 엄마, 아빠의 관심사였나요? 어떤 밥상머리 환경이 만들어져야 아이들이 그 날 있었던 일을 감정을 담아 신나게 이야기할 수 있을까요? 공부가 아닌 다양한 주제까지 담아서 이야기할 수 있어야 합니다. 밥을 먹는 행위가 중요한 것이 아니라 이야기다운 이야기를 나누는 것이 중요합니다.

평소 밥 먹을 때 조용했거나 TV 등에 시선을 빼앗겼던 우리 집이 하루아침에 바뀌기는 힘들 것입니다. 등교와 출근으로 바쁜 아침과 달리 저녁 먹을 때는 태도에 대해서 지적하지 않는 것이 좋습니다. 밥 먹는 것보다 중요한 것이 함께 하는 시간임을 자연스럽게 알도록 하는 것이 좋습니다. 엄마와 아빠가 먼저 하루 있었던 일 중에 가족과 함께 나누고 싶은 이야기를 꺼낸다면 아이들도 자연스럽게 자신의 이야기를 할 것입니다.

엄마, 아빠만
사교육 하면 된다

대화가 만족스럽지 못하다면 엄마, 아빠는 아이의 행동에 대한 질문보다 감정에 대한 관심으로 이야기를 이끌어 가는 것이 좋습니다. '오늘 수업 시간에 특별한 거 없었니?', 'OOO 하고는 잘 지내?', '학교나 학원 과제는 다했어?', '엄마, 아빠한테 하고 싶은 이야기 없어?' 등은 좋지 않은 질문이라 할 수 있습니다.

'오늘 신나는 일 없었어?', '요즘 너는 친구들과 언제 행복하니?', '엄마, 아빠가 도움 줄 것은 없어?', '어제 기분이 좋지 않아 보이던데 지금은 괜찮니?', '엄마, 아빠는 네가 그때 감정이 왜 그랬는지 궁금한데 이제는 이야기해줄 수 있을까?' 등으로 아이가 편안하게 이야기를 할 수 있도록 해 주세요.

엄마, 아빠에게도 편안하게 자신의 이야기나 궁금한 것을 질문하지 못하는 아이가 다른 사람에게 필요한 질문을 잘할 수 있을까요? 엄마, 아빠가 대화를 나눌 때 아이가 끼어들었던 경험이 있을 것입니다. 그때 어떻게 해야 할까요? 어른이 이야기하는 데 끼어들었다고 야단칠 수도 있지만, 부모님의 대화 내용에 관심을 가졌음을 상기시키고 함께 이야기하고 싶다면 해보자고 할 수도 있습니다.

부모님에게 조금이라도 버릇없는 아이가 평소에 자신의 이야기를 거침없이 하거나 궁금한 것은 참지 못하고 질문을 하고야 마는 아이일 가능성이 큽니다. 사람의 다양한 능력 중 꼭 갖추어야 할 것을 선택하라면 저는 필요한 질문은 꼭 할 수 있는 능력과 다른 사람에게 이야기할 때 최소한 내 뜻은 정확하게 전달할 수 있는 능력이라 생각합니다.

밥상머리 교육에서 기본적인 학습능력을 향상시키는 것은 보너스일 뿐입니다. 우리 아이와 가족 모두가 행복이라는 에너지, 가족이라는 든든한 공동체를 통해 단단하게 성장하도록 하는 시작이 밥상머리 교육입니다.

엄마, 아빠만
사교육 하면 된다

07

·········

불필요한 사교육이란?

① 처음 사교육을 시작할 때의 목적이 사라진 사교육

② 단순 복습 및 과제 확인을 위한 사교육

③ 필요한 부분 때문에 더불어 받는 아는 내용의 사교육

④ 꼭 할 필요는 없지만 해서 나쁠 것 같지 않은 사교육

⑤ 선행학습

당장 필요한 사교육이 아니라면 불필요한 사교육이 아닐까 싶습니다. 사교육을 받을 시간에 분명 아이들은 다른 것을 할 기회를 놓치게 되는 것입니다. 몸과 정신이 성장하는 동안 한 번 지나가면 다시 오지 않는 아이들의 소중한 그때, 불필요한 사교육을 줄이고 정말 필요한 것을 경험하고 사고할 기회를 주는 것이 엄

마, 아빠가 줄 수 있는 최고의 선물이 아닐까 합니다.

불필요한 사교육은 누구보다 아이들이 잘 압니다. 엄마, 아빠 눈치 보지 않고 하고 싶은 것은 하고 싶다고 말할 수 있고 더 이상 필요 없다면 이야기할 수 있는 아이로 자라게 해 주세요. 때가 되어 아이가 사교육이 필요하다거나 필요하지 않다고 한다면 믿고 따라 주시면 됩니다. 기본적인 학습 능력을 향상시키거나 새로운 배움이 없는 원치 않는 사교육은 우리 아이에게 '약'이 아니라 '독'입니다. 독은 적게 먹어도 괜찮은 것이 아니라 아예 먹지 않는 것이 맞습니다.

이에 더해 필요한 사교육을 찾기보다는 혼자서 또는 도움을 받아 자기주도적으로 할 수 있는 방법을 찾는 기회를 충분하게 주었으면 좋겠습니다. 이 책 곳곳에서 이야기하는 에너지와 놀이에 대해 이해하신다면 그 기회를 지금보다 많이 주실 수 있을 겁니다.

08

. . . .

사교육을 효과적으로 정리하는 방법
: 사교육을 당장 그만두지 말라고요?

입시학원을 운영했던 경험을 바탕으로 불필요한 사교육의 진실과 자기주도학습 그리고 올바른 진로지도 등에 대해 강의 요청이 오면 어디든 달려가 선생님들과 학부모 그리고 학생들에게 강의하고 있습니다. 강의 중에 많이 받는 질문이 '학원을 그만둬도 되느냐?', '학원을 어떻게 그만두느냐?', '학원을 그만두고 대신에 무엇을 하느냐?' 등입니다.

대답은 이렇습니다. '제 강의가 좋아 불필요한 사교육의 진실을 알았고 아이들에게 다른 기회를 주고 싶어서 사교육을 그만 받게 하고 싶더라도 바로 그만두지는 마세요.' 불필요한 것이 맞다면 당장 그만둬야 하지 않느냐는 말이 틀린 말은 아니지만, 어느 정도 준비 없이 학원이나 개인 과외 등을 바로 그만두면 빈 시간을 다른 무엇을 채우기가 쉽지 않고 다음 시험 결과가 생각보다 좋지 않으면 다시 사교육의 문을 두드리고 한동안 못 받은 사교육을 한 꺼번에 받게 하는 등의 부작용이 생각보다 강하기 때문입니다.

사교육을 그만두기 전에 먼저 현재의 사교육을 효과적으로 이용하는 방법 하나를 알려드리겠습니다. 앞의 글에서 말씀드린 것처럼 기본적인 학습 능력은 '그 날 배운 것은 책을 보고 하루가 지나기 전  에 누군가에게 설명할 수 있는 능력'입니다. 현재 받고 있는 사교육에서 우리 아이의 성취력을 먼저 높여 주도록 시도해보세요. 불필요한 사교육의 모습을 확인하는 계기가 될 수도 있겠습니다.

사교육을 철저하게 이용하기 위한 효과적이고 가장 쉬운 방법은 '문자 보내기'인데요, 이 방법은 입시학원 원장 등 15년간의 사교육 현장 경험에서 나온 것입니다. 아래 내용으로 우리 아이를 가르치는 선생님과 학원 원장선생님에게 문자를 보내 보세요. 다른 말은 생략하시고, '선생님 ○○○ 엄마(또는 아빠)입니다. 시간 나실 때 전화 주세요. 상담할 내용이 있습니다.'라고요.

구체적 내용 없이 연락 달라는 문자를 받으면 평소 열심히 수업하고 학생 관리를 했던 선생님들이라도 휴원, 건의 사항 등의 이유를 생각하며 긴장할 수밖에 없습니다. 그 때문에, 일반적으로 선생님들은 평소 수업내용과 수업 태도 등을 확인하고, 아이가 다른 선생님 수업을 듣고 있으면 그 선생님과 상의한 후 전화할 것입니다. (간혹 문자 보내자마자 문자보고 바로 전화 주는 선생님이 계시기도 합니다.)

선생님에게 전화가 오면 이렇게 이야기하고 끊으세요. '특별한 일이 있어 전화를 부탁한 것이 아니라 아침에 아이 얼굴이 어두워 보여서 혹시 학원에서 무슨 일이 있는 건 아닌지 걱정이 돼서 전화 부탁드렸어요. 학원생활은 잘하고 있지요? 저는 다른 건 욕심 없습니다. 우리 아이가 그날 배운 걸 책을 보고 설명만 할 수 있으면 됩니다. 감사합니다.'라고요.

가능하면 아이에게는 사교육 선생님과 연락하고 있음을 말하지 않는 것이 좋습니다. 일주일에 한 번 이상 비슷한 내용의 문자를 선생님께 보내고 통화하기를 반복하면서 아이가 먼저 이야기를 할 때까지 기다려보세요. 평소 아이가 선생님의 관심을 많이 받았다 하더라도 위의 내용을 반복하면 선생님도 사람인지라 그전보다 아이에게 더 관심을 가질 것입니다. 또한, 아이의 생활과 성취를 더 깊게 지도할 것이고 최소한 그날 배운 것을 설명할 수 있는 아이가 되도록 맞춤 지도를 해 줄 것입니다. 만약에 문자를 보내고 통화하기를 반복했음에도 아이에 대한 선생님의 관심과 지도에 변화가 없고 특히 그날 배운 내용을 책을 보고 설명하는 능력에 발전이 없다면 당장 그만두는 것이 좋겠지요.

지금 이 글을 보신 분 중에 자녀가 사교육을 받고 있다면 바로 우리 아이를 가르치는 학교, 학원 선생님에게 전화 달라는 문자 보내보세요! 학교 선생님에게 문자를 주셔서도 당연히 도움이 됩니다.

지금 하고 있는 사교육을 그만두는 방법의 시작은 이렇습니다. 아이와 대화를 통해 다음에 나올 이야기를 나누시고 아이의 의견에 공감해주세요. 먼저 '사교육을 왜 받고 있는지' 그 이유를 정리해 보세요. 성적을 높이기 위해서일 수도 있고 추가로 배우고 싶은 내용이 있어서 그럴 수도 있습니다. 누구는 친구가 좋아서 사교육을 선택했을 수도 있고요. 이유는 다를 수 있지만, 결론은 하나입니다. 사교육을 받는 이유가 사라진다면 그만 받으면 됩니다. 불필요한 사교육이라고 당장 그만두기보다 그래도 시작한 것이니 이유를 찾고 그 이유가 해결된다면 긍정적으로 사교육을 그만두는 것입니다. 학원에 다니지 않거나 과외를 받지 않으면 불안하거나 특별히 다른 할 것이 없어서 계속하는 경우도 포함해서 당장 사교육을 받을 이유가 없다면 그만두어도 됩니다.

사교육을 받지 않지만 필요한 경우도 있습니다. 이럴 때는 역시 마찬가지로 '사교육을 받을 이유'를 찾고 그 이유를 해결해 줄 방법을 찾아서 시작하면 됩니다. 물론 이유를 해결하면 그만두면 되고 이런 과정을 반복하다 보면 불필요한 사교육을 안 하게 될 뿐만 아니라 자신에게 맞는 교육방법을 터득할 것입니다.

사교육을 그만두었다고 처음부터 완벽하게 '자기주도학습'을 할 수 있는 것은 아닙니다. 하지만 자기주도학습의 시작은 자신의 학습법을 찾아가는 것과 동시에 진로를 찾아가는 것이니 그 시작만으로도 축하하고 싶습니다.

현재 받고 있는 사교육을 줄였다면 이제 행복한 고민을 해야겠네요. '줄어든 사교육비를 어떤 비용으로 바꿀 것인가.'라는 고민을 말이에요. 어느 집은 한 달에 약 40만 원 정도 되는 사교육비를 줄여서 일 년에 한 번씩 해외로 가족여행을 가기도 하고, 어느 집은 줄어든 사교육비로 필요한 의류와 가족선물을 산다고 합니다. 그동안 소홀했던 엄마, 아빠의 취미를 위한 비용으로도 괜찮고 가족의 문화, 여가를 위해 사용해도 좋을 것 같습니다. 사교육비를 벌기 위해 부업을 했다면 부업을 그만두고 시간의 여유를 찾을 것을 권합니다.

　꼭 무엇이 맞고 그것을 반드시 해야 한다는 생각보다 조금씩 상황에 맞춰 최고의 선택을 하는 쪽으로 생각하고 실천하면 좋을 거 같습니다. 무턱대고 시작하는 것도 모든 것을 갖춰서 시작하는 것도 답이 아닐 것입니다. 우리 모두 서투르기에 배우고 소통하면서 불필요한 사교육 줄이고 조금 더 행복해지면 좋겠습니다.

엄마, 아빠만
사교육 하면 된다

2

수학, 영어 이건 알고 가자

01

·········

나누기만 제대로 알아도 수학 걱정 끝

수학과 관련된 정보를 보다 보면 '수학적 재능은 타고난다.'라는 내용이 많습니다. 이 말이 정말 맞다면 우리나라 부모님들은 자녀의 수학 실력이 어떻든 현실을 받아들이고 걱정을 덜 해도 될 거 같습니다. 하지만 대부분 열심히 노력하면 어느 정도까지는 실력이 좋아질 것이라는 기대 속에 학년이 올라갈수록 수학에 대한 지원을 높이는 것이 일반적입니다.

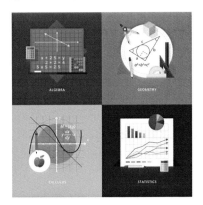

'사칙연산'을 중심으로 수학을 바라보는 것과 '논리 사고' 중심으로 바라보는 것은 엄연

엄마, 아빠만
사교육 하면 된다

히 다른데, 같은 것으로 보는 우리나라 교육은 수학적 감각을 망가트립니다. 대다수의 아이들은 '사칙연산'을 중심으로 하는 수학에 질려버렸습니다. '정해진 시간에 비슷비슷한 많은 양의 수학문제를 빨리 푸는 것'은 저학년일수록 최악의 수학 학습방법입니다. 특히 어려운 문제 몇 개를 풀기 위해 잘 푸는 문제가 대부분인 문제집을 사서 풀고 또 풀는데 이것은 공부가 아닌 고문입니다.

현재의 평가 방식도 문제입니다. 수학 성취도가 낮은 학생도 평가 방식을 바꾸면 수학적 재능이 있는 아이로 재평가받는 일도 있기 때문입니다. 잘못된 평가방법이 비단 수학에만 적용되는 것이 아니고, 논리 사고력은 수학 한 과목만 해당하는 것이 아니기에 현재의 학교 시험으로 아이들의 수학적 재능 여부를 판단하고 믿는 것에 대해서 생각해 봐야겠습니다.

이번에는 우리나라 수학교육의 논리 사고 지도가 가지는 문제점을 '나누기'를 이용해 풀어 보겠습니다. 수학과 관련된 수많은 이야기 중 극히 일부를 가지고 우리나라 수학 전반을 이야기할 수 없겠지만, 이 글을 보시고 수학을 바라보는 시각에 변화가 생기는 계기가 된다면 좋겠습니다.

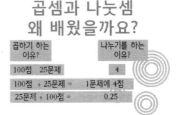

곱셈과 나눗셈
왜 배웠을까요?

곱하기 하는 이유?	나누기를 하는 이유?
100점 25문제	4
100점 ÷ 25문제 =	1문제에 4점
25문제 ÷ 100점 =	0.25

곱하기를 언제 사용하느냐고 물어본다면 '똑같은 값을 여러 번 더할 때 쉽게 계산하기 위해서 구구단을 이용해 곱하기를 한다.' 라고 이야기하면 됩니다. 그럼 나누기는 생활 속에서 언제 사용할까요? (지금부터 질문을 읽은 뒤 잠시 답을 생각한 다음 글을 읽으면 좋겠습니다.) 일반적으로 먹을 것을 나눠 먹을 때 사용하겠지요? 피자를 먹을 때처럼 말이죠. 한 조각이라도 더 먹는 사람이 나오지 않도록 말이에요. 그 외에 밥값이나 노래방비 등을 나눠 낼 때도 나누기를 사용하고, 아무쪼록 필요할 때 잘 사용하고 있습니다. 그럼 이번에는 숫자로 물어보겠습니다.

100점 만점 시험에 25문제를 출제했다면 떠오르는 숫자가 얼마인가요?

( )이라고 생각하셨나요?

( )의 의미를 말해 주시겠어요?

( )이 나오게 하려면 100과 25를 사용해서 어떤 식을 세워야 할까요?

물론 나누기입니다. 하지만 100÷25일까요?

아니면 25÷100일까요?

( )의 숫자는 4입니다. 4의 의미는 한 문제당 4점이라는 뜻

엄마, 아빠만
사교육 하면 된다

이겠지요. 그리고 식은 100÷25가 맞습니다. 여기까지야 어렵지 않겠지요. 만약 여기까지도 정답을 보기 전에 답에 자신이 없으셨다면 수학에 대한 좋은 추억이 없다고 말씀드려야겠습니다. 저는 수학을 잘하지는 못해도 자신의 답에 대해서는 자신 있게 말할 수 있게 하는 교육을 꿈꾸고 있다고 말씀드리고 싶고 우리 모두가 아이들을 그렇게 만들 수 있다고 믿습니다. 그럼 이제 다음 이야기로 가겠습니다.

이번에는 25문제÷100점에 대한 이야기입니다. 25÷100의 값은 소수가 나오는데, 얼마일까요? 분수로 고치면 몇 분의 몇일지도 생각해 보세요.

25÷100을 분수로 고치면 100분의 25이고 약분하면 4분의 1이 맞습니다. 그리고 소수로 고치면 0.25가 됩니다. 25 의 결과로 처음 떠오르는 값이 0.4였다면 연산을 빨리하지만, 실수를 많이 하는 유형이 아닐까 싶습니다. 25문제를 100점으로 나누면 0.25가 맞는데요, 여기서 꼭 대답해 주셔야 하는 것이 0.25의 뜻이랍니다.

15년 정도 사교육을 하면서 필자가 생각하는 0.25의 뜻을 말한 학생은 약 10명 정도였고, 그 아이들 모두 수학적 감각이 뛰어난

학생들이었습니다. 문답 수준이었지만, 그 아이들이 어떤 환경에서 자랐고 부모님은 어떤 분들이고 수학에 대한 생각이 어떤지 들었던 이야기를 정리하면 이렇습니다.

수학적 감각이 좋은 아이들과 논리 수학적 적성이 높은 아이들의 공통점은 수학을 놀이로 생각한다는 것이었습니다. 계산이라 생각하지 않더군요. 또한, 자신의 놀이를 선택하고 행동하는 데 부모님들이 간섭하기보다는 내버려두는 경향이 많았습니다. 수학에 대한 자부심이 높아 가능하면 시켜서가 아니라 자신이 하고 싶을 때 수학과 관련된 행동을 했고 이때 문제 풀이도 했지만, 수학과 관련된 책들을 찾아서 읽었다고 했습니다. 그리고 어느 순간 수학에 대해 이야기하는 것이 즐거워졌다고 했지요.

여기서 중요한 것은 부모님이 권해서 시작하거나 유지한 것이 아니라는 것입니다. 어느 날 보니 아이가 수학과 관련된 것들을 관심 있어 했고 잘하기에 칭찬만 했을 뿐 일부러 수학적 환경에 노출 시키려 하지 않았다는 것입니다.

이제 이야기를 해야겠군요. 25문제를 100점으로 나누면 나오는 값인 0.25의 의미를 아시겠나요? '4분의 1', '25%'라고 대답하시는 분들이 많았는데요. 힌트를 드리면 100점을 25문제로 나눴을 때 나온 4의 의미가 '1문제당 4점'이었다는 것입니다. 4의 의미가 아름답게 '1문제당 4점'인 것처럼 0.25도 아름다운 의미가 있습니다. 벌써 답을 찾으셨고 제가 말하는 뜻을 보시곤 '뭐가 이렇게 싱거워?' 하시는 분들도 계시겠지만, 제가 이야기하고 싶은 것은 우리 아이들이 나누기 계산은 할 수 있지만 '나누기를 언제 사용하는지?', '나누기를 왜 사용하는지?'는 잘 알지 못한다는 것입니다.

> 0.25의 뜻은 100점 만점에 25문제일 때 '1점당 0.25문제'
> 라는 의미랍니다.

나누기를 왜 하는지 제가 정의한 것은 이것입니다. '1의 값이 얼마인지 궁금할 때 하는 것!' 이것이 나누기라는 도구를 사용하는 이유입니다. 피자 먹을 때와 음식값 등을 똑같이 낼 때 사람의 수로 나누는 이유가 1사람당 얼마인지 궁금해서 하는 것처럼요. 100점 만점에 25문제 일 때 1문제당 점수가 궁금하면 점수÷문제, 즉 문제로 나누고, 100점 만점에 25문제일 때 1점당 문제 수가 궁금하면 문제÷점수, 즉 점수로 나누면 됩니다. 궁금한 1의 값으로 나누라는 것이지요.

여기까지 읽고서도 무슨 말인지 잘 모르겠다고 하시는 분은 오늘 꼭 아이를 안아 주세요. 그리고 '그동안 네가 수학 때문에 힘들어한 이유를 알았다.'라는 말을 해 주시면 좋겠습니다. '수학을 잘하지 못해도 살아가는 데 큰 문제가 없으니, 네가 잘하는 것에 집중해서 즐겁게 했으면 좋겠다.'는 말도 함께 해주시면 더 좋고요.

　우리나라에서 나누기는 초등학교 3학년 때 배우고 대다수의 아이들은 구구단을 외우고 곱하기를 배우면서 자연스럽게 나누기까지 경험하는 경우가 많습니다. 기계적으로 나누기는 곱하기를 거꾸로 하는 것으로 알고 있는 것이지요. 하지만 나누기는 1일 때의 값을 구하는 목적의 논리 이해고, 1의 값을 구하는 것이 중요한 이유는 1의 값에 어떤 값이라도 곱하면 특정한 값에서의 결과를 얻을 수 있기 때문입니다.

　모 연예 프로에서 '원주율=파이=3.14'에 대해서 이야기가 나온 후 검색어 1위까지 올라간 적 있었지요. 그런데 검색어 1위에도 불구하고 원주율을 우리가 왜 배웠는지 모르는 분들이 많습니다. 원의 지름 값이 1일 때 원의 둘레 값이 원주율입니다. 그러므로 원의 둘레를 알고 싶으면 지름을 구하면 되고 구한 지름 값에 3.14만 곱하면 원의 둘레 값이 나오는 것이지요.

　1일 때 값을 안다는 것은 실로 대단한 것입니다. 수학이 바탕이 된다는 과학의 경우 공식이라는 것의 대부분이 분수공식(=나누기 공식)입니다. 이런 나누기를 제대로 이해하지 못하고 학년을 올라가기 때문에 논리 수학인 비례식과 방정식, 함수, 미분과 적분까지 외워서 풀려고 하는 안타까운 우리 교육의 현실을 볼 수 있습니다.

　누구는 이렇게 말씀하실 거예요. 학교에서 그렇게 배웠고 안 가르쳐 줬다고요. 맞습니다. 현재 공교육에서 제가 말하는 것처럼 나누기를 지도하는 선생님들은 거의 안 계시죠. 그분들도 나누기를 보통의 교육으로 배웠고 지금처럼 가르쳐도 큰 문제가 없었기 때문입니다.

　하지만 나누기의 정의를 알고 있고 실제 생활에 잘 적용하는 아이들이 있습니다. 그 아이들은 어렸을 때부터 수학적 재능을 보인 아이들이었고 그 배경이 중요함을 이미 말씀드렸습니다. 우리가 인정해야 할 것은 수학은 단순한 암기로 진짜 실력을 기를 수 없다는 것이고 스스로 논리적 사고를 발전시키지 않으면 잘하기 힘들다는 것입니다. 부모의 역할은 가능한 자유로운 사고를 할 수 있도록 하는 것인데 현실에서는 자꾸 빨리 빨리를 외치게 되지요. 아이에게도 이 글을 읽게 하고 나누기를 하는 이유에 대해서 이해하는지 봐 주시고, 수학에 대한 다양한 이야기를 나누기 바랍니다.

　끝으로 희망을 주는 이야기는 드리자면 저는 개인적으로 '수학은 타고난다.'라는 말을 그다지 신뢰하지 않는다는 것입니다. 먼저 '수학적'이라는 정의가 제각각이기 때문입니다. 두 번째로 수학의 범위가 매우 넓다는 것입니다. 기본적인 뇌 구조에서의 차이는 인정하지만, 수학의 다양한 분야 모두가 적용되는 건 아니기 때문이고 수학적 재능이 결정되는 시기를 만 7세 전후로 보기에 그렇지요.

태어나는 순간이 아닌 만 7세까지를 수학적 재능이 어느 정도 완성되는 시기로 보는 이유는 뇌 발달과정에서 한 사람의 종합적인 사고 능력과 자존감 그리고 여러 가지 적성이 거의 완성되는 시기가 7세이기 때문입니다. 우리 아이가 만 7세까지 어떤 환경과 대화 속에서 살아가고 어떤 경험과 사고의 자유를 경험했느냐에 따라 얼마든지 수학적 재능과 감각은 달라질 것입니다.

부모의 대화 또는 부모와 아이의 대화가 짧은 단어의 나열이 아닌 어느 정도 긴 문장으로 이루어지고 부모가 아이의 대화를 경청할 때, 정해진 틀의 장난감을 많이 가지고 노는 것보다 틀이 없는 자연에서 놀거나 같은 장난감이라도 다양한 응용을 할 기회가 많은 아이, 즉각적인 대응이 아닌 감정을 읽고 기다리고 생각하고 표현하는 것에 익숙한 아이, 화를 내는 사람보다 유머 있는 사람들과의 교류가 많은 아이들이 수학적 재능이 높은 것은 수학이라는 틀에서 보면 너무나도 당연합니다.

우리의 현재 교육환경은 수학적 사고를 발전시키기보다 있는 재능도 여러 가지 이유로 중단시키는 일이 국가적 차원에서 벌어지고 있습니다. 수학적 재능이 있는 아이들이 주로 사교육에 의존하는 시스템 속에서 각종 국제대회에서 수상하지만, 기초연구 학문의 지원 부족으로 진로는 엉뚱한 곳으로 가는 것입니다. 수많은 수학대회에서 1~2등을 하는 대한민국의 수재들이 수학의 노벨과학상이라는 '필즈' 상에 도전하지 않는 환경은 수학을 좋아하기보다 입시의 도구로 전락하게 만들었습니다.

아직 우리나라는 수학을 좋아하는 것조차 대학입시 때까지만 허용되는 나라가 아닌가 싶습니다. 2015년 '수포자(수학 포기자) 없는 대학입시' 운동이 전국적으로 일어나고 있음은 다행이며 이렇게 관심이 높아지고 있을 때 부디 입시와 취업의 걱정도 사라지는 나라가 되었으면 합니다.

수학에 대한 부담은 어쩌면 다른 방식으로 생각하고 행동하고 기다리는 것에 대한 낯섦이 아닐까 합니다. 수학을 잘하지 못할수록 정해진 방법을 고집한다고 합니다. 다양한 방법으로 문제를 해결하는 것이 가능해야 하는데 우리는 생각할 시간을 기다리지 않습니다. 자신만의 방법으로 생각하는 것을 멍 때린다고 할 수 있겠지만 아무 생각이 나지 않아도 해결하기 위해 노력한다면 그것은 아무것도 하지 않는 것이 아닙니다. 아이들이 수학을 느낄

수 있는 시간만이라도 어른들이 지켜준다면 답은 아이들이 찾을
것입니다. 기다림이 시작이 아닐까 합니다.

나누기는 왜 하느냐고요?
'1의 값이 궁금할 때 합니다.'

엄마, 아빠만
사교육 하면 된다

02

....

영어 불안감과 불필요한 영어 사교육

영어는 암기 과목일까요, 이해 과목일까요? 예전에는 암기 과목이라는 말이 일방적으로 승리했는데요, 지금은 거기서 한 걸음 나아가 '체화형 암기 과목'이라는 말에 힘이 실리고 있습니다. 문법적인 이해가 낮아도 단순 암기와 반복적인 습관을 통해 기본적인 회화가 가능하기 때문이죠. 달리 해석하면 문법적인 이해가 높아도 글을 읽고 해석하는 것과 회화능력의 효율성은 정비례하지 않는다는 말이기도 합니다.

대한민국 국민이 받는 의무교육 안에 영어가 있습니다. 우리는 왜 영어를 공부해야 하는 걸까요? 영어가 아닌 다른 나라말이면 안 되나요? 취업에서 영어의 존재감이 약해지고 있고 대학입시에서 영어는 이제 절대평가입
니다. 스마트폰에 어플 하나
잘 받으면 웬만한 나라의 일
반적인 대화는 가능하고
2020년 정도가 되면 실시간
통역기를 일상에서 쉽게 사용할 수 있다고 하는데 우리는 언제까
지 영어에 몰입해야 할까요? 그래도 지금 영어를 하지 않으면 당
장 각종 평가에서 좋은 결과를 낼 수 없기 때문에 해야 하는 걸
까요? 영어는 시험을 잘 치기 위한, 그저 평가를 잘 받기 위한 과
목일 뿐일까요?

다른 나라 언어를 배우는 것은 그 나라의 문화를 쉽고 빠르게
익힐 수 있도록 도와줍니다. 세계 공용어가 영어이기 때문에 영
어를 안다는 것이 유리한 것도 사실입니다. 하지만 현실은 효율
성이 낮게 영어를 배우는 것보다 각 나라의 문화와 그 나라의 역
사 그리고 현재 상황을 배우는 것이 더 바람직한 것 또한 사실입
니다.

이 책에 효율적인 영어 학습에 대한 방법이 담겨 있지만, 영어
를 비롯한 외국어 교육에 대한 근본적인 질문에 대해서 우리는

어느 정도 답을 가지고 있어야 한다고 생각합니다. 우리가 사교육의 어두운 부분을 이야기할 때 불필요한 경쟁과 하지 않음으로 인한 불안감을 해소를 언급하는 경우가 많습니다. 현재 영어 사교육은 특히나 그 불안감 때문에 이만큼 성장한 것입니다. 중학교에 진학해서 영어를 처음으로 접한 부모 세대가 태교 때부터 영어를 해야 한다고 이야기하고 있지만, 영어를 비롯한 외국어를 이제는 조금 여유 있게 바라보고 접근해야 할 때입니다.

알파고가 준 교훈 중 하나는 '기계의 발달 속도가 생각보다 빠르기에 우리는 미래 환경을 보다 정확하게 예측하고 그에 맞는 교육을 준비해야 한다'는 것입니다.

03

'결정적 시기' 이론 바로 알자

'결정적 시기' 이론에 대해서 들어보셨나요? 우리나라에서 흔히 영어 사교육을 시키는 분들이 자주 사용하는 말로 한 번쯤은 들어 보셨을 거 같네요. 결론부터 말하면 잘못 적용되는 대표적인 이론으로 영어를 조기에 배워야 한다고 말하는 사람들이 말하는 이 이론은 없다고 합니다.

영어나 한국어 등 나라마다 모국어를 익히는 데 만 36개월까지가 매우 중요하다는 건 이제 상식이 된 시대에 결정적 시기 이론은 우리나라 아이들이 우리말을 배우게 되는 결정적 시기에 외국어에 노출되는 것이 바람직하지 않다는 이론으로 활용되어야 합니다. 하지만 이러한 것이 영어 조기 교육의 타당한 이유로 잘못 사용되고 있으니 안타깝습니다.

모국어를 배우기 위해 아이들은 만 3세까지 환경에 제대로 노출이 되어야 합니다. 육아 휴직의 필요성을 강조할 때 이유 중 하나로 이야기된다고 하지요. 엄마, 아빠가 아이와 같이 있는 시간이 많고 아이에게 노출되는 사람이 적을수록 아이가 모국어를 안정적으로 배우기 때문입니다. 앞으로는 결정적 시기 이론으로 영어 조기교육을 이야기하는 못된 어른이 없기를 바라봅니다.

원어민처럼 발음을 정확하게 구사하기 위해서라면 5세 전후로 외국어 환경에 자연스럽게 노출되는 것이 중요하다는 것은 잘 알려진 이야기입니다. 주입식, 암기 위주가 아닌 자연스러운 노출이 중요한 것인데, 한글도 초등학교 들어갈 때 맞춰 익히는 것이 바람직한 상황에서 우리나라 사람들은 단지 영어 발음을 좋게 하려고 5세 전후로 영어 사교육에 아이들을 노출 시키고 그것이 너무나도 당연한 사회가 되었습니다.

외국 속담에 '공짜 점심은 없다.'는 말이 있습니다. 외국어 동요를 들려주거나 엄마, 아빠가 일상에서 외국어를 섞어서 대화하는 것까지 걱정할 필요는 없을 것입니다. 하지만 아이 입장에서 본다면 영어 유치원에 다닌다거나 일주일에 한 번씩 선생님이 와서 놀이로라도 영어를 배운다는 것은 그때 그 시기에 경험할 수 있는 중요한 무언가를 대신해서 영어에 에너지를 쏟고 있는 것입니다.

04

. . . .

영어 원서 읽기 아직 모르세요?

영어를 해석할 때 정확한 해석을 추구하시나요 아니면 대충 해석하시나요? 일상에서 자연스럽게 영어를 해석할 기회가 있을 때 영어에 자신이 없을수록 정확한 해석을 위해 노력하는 반면에 영어에 자신이 있을수록 대충 해석하고 넘어가는 게 일반적이라 합니다. 제가 알려드리고 싶은 '영어원서' 읽기의 중요한 원칙이 바로 대충 해석하기입니다.

언어를 해석할 때 재미난 현상을 하나 이야기해 드리고 본격적인 '영어 원서 읽기'를 알려 드리겠습니다. 아랫글을 30초 안에 빠르고 읽고 뜻을 파악해주세요.

캠릿브지 대학의 연결구과에 따르면, 한 단어 안에서 글자

엄마, 아빠만
사교육 하면 된다

가 어떤 순서로 배되열어 있는가 하것는은 중하요지 않고, 첫쨰번와 마지막 글자가 올바른 위치에 있것는이 중하요다 고 한다. 나머지 글들자은 완전히 엉진창망의 순서로 되어 있지을라도 당신은 아무 문없제이 이것을 읽을 수 있다. 왜 하냐면 인간의 두뇌는 모든 글자를 하나 하나 읽것는이 아 니라 단어 하나를 전체로 인하식기 때이문다.

··

··

··

과연 그럴까. 동의하십니까?

··

··

··

이제 위에 적힌 글을 한 글자씩 천천히 다시 읽어 보세요. 한 단어 안에서 글자의 순서가 잘못됐지만 어렵지 않게 읽고 이해할 수 있었지요? 우리말 해석과 마찬가지로 영어도 단어를 정확하게 알아야 하는 것이 아닙니다. 읽기 중심의 직독직해 능력을 통해 재미와 자신감을 먼저 익히고 조금씩 때가 되면 필요한 영역으로 확대하면 됩니다.

영어원서 읽기가 영어를 익히는 과정에 매우 효과적인 방법이기에 필요한 분들에게 도움이 되길 바라봅니다. 영어원서 읽기는 파닉스(영어를 소리 내서 읽기)가 된다면 누구나 할 수 있습니다. 물론 영어 원서를 읽을 때 수준 높은 파닉스 실력을 요구하지 않습니다. 발음을 잘하고 못하고는 전혀 중요하지 않고 영어를 어느 정도 소리 내서 읽을 수만 있으면 됩니다. 영어 원서를 대략 소리 내서 읽지 못하거나 영어에 입문한 지 얼마 되지 않았다면 파닉스부터 스스로 배우기를 권합니다. 인터넷 검색을 해 보시면 여러 곳에서 파닉스를 무료로 배울 수 있습니다.

자! 이제 영어를 소리 내서 읽을 수 있다면 도서관에 가면 됩니다.

① 도서관에 가서 무조건 쉬운 영어 원서를 골라 아무 페이지나 핀 다음 소리 내어 읽으며 직독직해 합니다.

② 모르는 단어가 나와도 사전을 찾거나 도움을 청하지 말고 대략 해석합니다.

③ 모르는 단어가 너무 많거나 대략적인 해석이 되지 않는다면 책을 덮고 더 쉬운 책을 골라서 ①과 ②를 반복합니다.

④ 모르는 단어가 있지만 대략 무슨 내용인지 안다면 페이지를 넘겨 가며 처음부터 끝까지 소리 내서 읽으면서 직

독직해 하면 됩니다.

⑤ 한번 다 읽었다면 한 번 더 처음부터 읽습니다.

⑥ 두 번째 읽을 때는 처음과 달리 모르는 단어가 나오면 사전 등을 찾아 뜻을 파악하고 넘어갑니다. (처음 읽을 때보다 해석이 매끄럽게 되겠지요. 이때 중요한 건 사전 등으로 찾은 단어를 일부러 외우지 않는 것입니다. 정말 외우지 않아야 해요. 외우지 않기 위한 노력은 하셔도 됩니다.)

⑦ 몰랐던 단어는 무조건 뜻을 찾아 파악하지만 절대로 단어를 외우려고 하지 않아야 합니다. 물론 몰랐던 단어를 정리할 필요도 없습니다.

⑧ 원서를 2번 소리 내서 직독직해 했다면 읽고 싶은 또 다른 영어원서 책을 직독직해 하면 됩니다. (언젠가 외우지 않았던 그 단어들이 자연스럽게 내가 알고 있는 단어가 된다는 소름 끼치는 경험을 하게 되지요.)

⑨ 영어원서 읽기에서 특별히 조심할 것은 학습적인 요소를 배제하는 것입니다. 외우고, 쓰고, 시간을 정해서 하고, 평가하는 등등을 할 필요가 없지요. 원서 읽기는 언제라도 하고 싶을 때 하면 됩니다. 굳이 계획을 세운다면 '매일 몇 쪽을 읽겠다.', '오늘은 몇 단락을 읽겠다.' 정도로 해 보세요.

이렇게 간단한 영어원서 읽기를 아이들보다 먼저 경험하기를 권합니다. 꼭 먼저 해 보시고 효과를 말하기 전에 감동을 공유해 주세요. 학원을 따로 다니지 않아도, 영어 단어를 따로 외우지 않아도 어휘가 늘 것이고, 정확한 해석이 아닌 대략적인 독해로 넘어가지만 시간이 지날수록 문법적 구조가 눈에 들어오는 경험 그리고 심지어 귀가 서서히 열리는 경험도요. 그동안 왜 이렇게 영어(회화)를 어렵게 생각했는지 스스로에게 질문하면서 영어원서 읽기의 즐거움에 놀라실 거예요. 그 감동을 전해주는 것만으로도 아이는 자신이 원할 때 원서 읽기를 할 것이라 자신합니다.

참! 이 방법은 제가 만든 것이 아니라 핀란드에서 1970년대부터 하고 있는 방법입니다. 나라 전체에서 말이죠. 물론 구체적인 방법은 제가 우리나라 현실에 맞게 조금 수정했지만 핀란드는 자국어가 따로 있음에도 영어 학습법으로 큰 틀에서 원서 읽기 중심의 공교육을 진행한 결과 전 국민의 약 70%가 우리나라 중학교 정도의 어휘를 활용해 외국인과 편하게 영어로 소통하는 것이 가능한 나라가 되었습니다.

마무리는 스마트폰의 영어 통역 어플에 대한 정보를 공유해 드리겠습니다. 2015년 11월 현재 통역 기능의 다양한 무료 어플은 내가 한국말로 이야기하면 동시에 원하는 나라말과 글로 통역해 주고 있습니다. 유료 어플이면 더 많은 상황에 대해 높은 정확도로 통역해 주고 있으니 지금 당장 해외여행을 간다면 스마트폰에 괜찮은 어플 하나 설치하면 되는 세상입니다.

2020년이 되면 지금처럼 통역을 기다릴 필요가 없어집니다. 통역한 것을 상대방에게 보여 주거나 들려주는 것이 아니라 실시간으로 내가 말하는 것이 상대방 나라의 말로 들리고 상대방 나라의 말이 나에겐 우리말로 들린다고 하니 기계의 도움으로 서로 다른 나라 사람들이 같은 언어를 사용하는 사람들처럼 대화하는 시대가 되었습니다.

그렇다면 앞에 했던 질문을 다시 해보겠습니다. 우리가 영어를 굳이 배워야 할까요? 요즘 인기가 높아진 중국어를 비롯해 다른 나라말도 마찬가지입니다. 배워서 나쁠 건 없지만 외우고 해석하고 말하는 것을 배울 시간에 그 나라의 역사와 문화 그리고 정신을 배워 어떤 이야기를 할 것인가에 대해 조금 더 풍족한 시간을 가져야 하는 것이 아닐까요?

변화하는 환경에 맞춰 우리가 외국어를 배우는 이유가 변해야 하고 그에 맞는 교육 환경의 준비가 이루어져야 합니다. 하지만 이것은 누가 하는 것이고 우리 아이들의 교과서는 언제 그렇게 바뀔까요? 우리의 관심이 그 시간을 앞당기지 않을까 합니다.

이상적인 영어학습의 예를 물어보신다면 이렇게 말씀드릴 수 있습니다. 한글처럼 영어도 아이들이 조금씩 눈대중으로 익히다가 답답하면 물어보거나 인터넷 등을 찾아서 공부할 때 도움을 요청하면 함께 고민하고 도움을 주는 것입니다. (물론 학원에 보내는 쉬운 방법 말고요.) 아이가 이 과정을 통해 파닉스까지 외국어 실력을 쌓는다면 그다음은 소리 내서 직독직해로 읽기 경험을 한번 해 보세요.

❸

자기주도학습

01

· · · · · · · · · ·

자기주도학습이란

자기주도학습에 대해 관심을 가지고 아이들이 자기주도학습을 해낼 수 있기를 바라는 건 자연스러운 일이라 생각합니다. 여기서 자기주도학습을 어떻게 정의하고 있느냐가 중요합니다. 부모 간 부모와 아이 간에 의미 규정이 다르고 학교와 학원 선생님도 각자가 생각하는 자기주도학습에 대한 의미 규정이 다르기에 생기는 문제가 많습니다. 차라리 믿고 맡기는 사람이 생각하는 자기주도학습을 받아들이는 것이 편할 수 있겠네요.

그렇다면 우리는 왜 자기주도학습을 이야기하고 있는 것일까요? 엄마, 아빠의 경험에 따라 자기주도적이지 못한 것이 무엇인지 알기에 더욱 관심을 두게 되는 것일까요? 아니면 좋은 성적 좋은 입시 결과 뒤에 자기주도라는 말이 있기 때문인가요? 말 그대로 자신이 주도해서 학습 계획을 짜고 계획대로 실천해서 원하는 결과를 가져온다는 자기주도학습은 할 수만 있다면 최상의 학습 방법이 아닐까 합니다.

하지만 자기주도학습을 모든 아이들이 할 수 없는 이유는 바로 자기주도라는 말 때문입니다. 즉 자기주도의 함정 때문입니다. 자기주도이기 때문에 다른 사람의 도움을 받지 않을수록 좋다고 생각하거나 혼자서 다 해야 한다는 부담감이 자기주도력을 높이는 데 방해가 됩니다. 아이마다 자기주도력이 다르고 도움을 줄 수 있는 환경이 다릅니다. 아이가 중심이 되어 가능한 한 스스로 계획하고 스스로의 힘으로 실천하는 것이 맞지만, 시작도 혼자서 못하는 아이들이 많을 것입니다.

자기주도를 학습하고만 연결하려는 문화도 걱정입니다. 어렸을 때부터 자기주도적으로 잘 노는 아이들의 경우 성장할수록 자기주도성을 다양한 곳에서 발휘하는 것을 어렵지 않게 볼 수 있습니다.

자기주도학습은 당장 완성할 수 있는 것이 아니고 쉽게 흉내 낼 수도 없는 것입니다. 어디까지 해야 완전하다고 말하기도 힘듭니다. 분명한 것은 자기주도학습을 목표로 노력한다면 그 주체가 되는 아이가 혼자만의 힘으로 해결하려고 하지 말고 필요할 때는 도움을 요청해야 한다는 것입니다. 엄마, 아빠는 도움은 주되 어떻게 하면 아이가 스스로 할 수 있을지 그 방법을 함께 고민해 요령 있게 풀어나가야 합니다.

자기주도학습은 우리 모두가 노력하고 바꿔나가는 것입니다.

엄마, 아빠만
사교육 하면 된다

02

'네'라는 대답보다 '왜요?'라는 질문을 기대하자

많은 분들이 자녀가 수동적이기보다는 능동적이기를 바라면서 실제로는 수동적인 아이로 키우는 것을 자주 봤습니다. 가장 대표적인 것이 말대꾸할 때 엄마, 아빠의 모습입니다. 어른이 말할 때 잘잘못을 떠나 일단 '네, 알겠습니다.'라는 대답을 하도록 하거나 귀찮아서 평소에 했던 버릇으로 아이의 의견을 무시했던 경험이 있지 않으시나요? 상대방을 난처하게 하지 않기 위해 예의를 지킨다고 질문을 하지 않는다는 분도 있습니다. 그럼 상대방을 난처하게 하는 질문을 하는 사람은 예의를 모르기 때문이라고 봐야 하나요?

아이들이 엄마, 아빠의 요구에 일단 '네.'라고 대답하기를 원하신다면 아이가 능동적이기를 바라는 이기심도 동시에 내려놓으세요. 하지만 아이가 '네.'라는 대답과 동시에 '왜요?'라는 의문도 마음껏 표현하도록 하신다면 다른 사람들로부터 아이가 버릇이 없다거나 건방지다는 말을 들을 각오를 하셔야 할지도 모릅니다.

자기주도력이란 끊임없이 시행착오를 반복하는 것입니다. 그 과정을 통해 자신만의 자기주도라는 것이 완성됩니다. 시행착오를 제대로 겪기 위해 꼭 필요한 것은 상황에 대한 반론입니다. '왜?'라는 질문 없이 발전이란 있을 수 없습니다. 우리 아이가 자기주도적이기 원하신다면 엄마, 아빠는 무엇보다 다양한 질문 공세를 받아 줄 즐거운 각오를 해 주세요.

다음에 이야기할 '에너지' 이야기가 이것에 큰 도움이 될 것입니다.

03

....

난 이렇게 에너지를 높인다!

평소와 똑같은 아침, 하지만 이유 없이 아이의 말과 행동에 트집을 잡고 짜증을 내다가 끝내 화를 내고 아이를 학교에 보냈던 경험 한 번쯤은 있지 않나요? 무엇 때문에 평소와 똑같은 아침임에도 아이에게 짜증을 냈을까요? '아이를 사랑하지 않아서?', '부모로서 해야 할 역할에 대한 열정이 너무 커서?' 약간의 공감대는 있을 수 있겠지만 맞지는 않을 겁니다. 저는 이런 경우 '에너지'가 낮아서 그런 것이라 이야기합니다.

'에너지!'

에너지가 낮으면 아무리 좋은 일이 생기고 아이가 평소 바라던 모습이어도 웃기 힘들지만, 반대로 에너지가 높을 때면 평소 화를 낼 일을 아이가 해도 용서가 되고 만회를 할 기회를 주기까지 합니다. 에너지가 높은 사람을 달리 말하면 들떠 있다거나 긍정적인 사람이라고 말할 수 있지만, 아이들의 입장에서 본다면 엄마, 아빠가 행복해 보이고 충분히 말을 건넬 수 있을 정도로 좋은 상태라는 말로 대신하고 싶네요.

그럼 여기서 질문을 해야겠네요. '당신은 에너지가 낮을 때 어떻게 에너지를 높이나요?' 평소에 기분이 우울할 때 '이렇게 하면 기분이 좋아져, 에너지가 높아져.' 그런 것이 있잖아요. 뭘까요? 육체적인 에너지 말고, 정신적인 에너지 말입니다.

에너지를 높이는 것으로 가장 많이 이야기하는 것이 '수다'였습니다. 유쾌한 수다를 통해 나를 힘들게 하는 이유로부터 해방되고 욕할 거 욕하고 하지 못했던 가슴속 이야기를 꺼내놓는 것만으로도 일단 만족하고 행복을 느끼니 에너지가 높아지겠지요. 세상은 유쾌한 일이 있음을 알고 다시 일상으로 돌아가는 것을 반복하는 것이 삶이 아닐까 싶기도 합니다. 그래서 우리는 수다를 떨기 위해 친구에게 전화해서 밥이나 차를 사줄 테니 만나자고 하지요. 바꿔 말해서 내가 쏠 테니 오늘 너의 역할은 내 이야기를 제대로 들어주는 거라고요.

에너지를 높이는 방법에 의외로 많이 나오는 대답이 '잠'이었습니다. 개인적으로는 소극적인 방법이라고 생각하고 현실도피가 아닐까 싶기도 합니다. 다른 사람에게 이야기하는 것도 조심스럽고 활동적이지 않은 분들이 주로 사용하는 방법인 것 같습니다. 잠을 자고 난 후 에너지가 높아졌다는 것은 힘들게 했던 이유에 대해 감정이 낮아졌고 육체적인 피곤이 줄어들었기에 오는 행복이 에너지 상승이라 생각하는 것 아닐까요? 정신적 에너지가 낮으면 육체적 에너지도 함께 떨어지는 것이 일반적인데, 잠을 통해 육체적 에너지의 회복이 정신적 에너지의 회복으로 느껴지는 것이니 잠은 당연히 도움은 되겠습니다. 그 외에 음식을 먹거나 술을 마신다 등의 대답도 있었습니다.

에너지는 언제 높여야 할까요? 꼭 낮아질 때 높여야 할까요? 평소에 에너지 높이는 일을 틈틈이 해서 에너지가 높은 상태로 유지하고 있으면 안 되나요? 잠깐! 잊을 만하면 생각해 봐야지요. 자신의 에너지를 높이는 방법도 생각해 볼 일이지만 배우자나 아이는 어떤 방법으로 에너지를 높이는지 방법은 알고 있나요? 다행히도 이 글을 다 읽었다면 다시 생각해보고 이야기해 주세요.

'당신은 무엇을 통해 에너지를 높이나요?'

나는 에너지를 높이는 방법이 뭘까? 남편(부인)과 아이들은 또 뭘까? 이렇게 질문을 하고 생각해도 잘 떠오르지 않지만, 질문을 조금 바꿔서 '내 놀이는 무엇일까?'라고 생각하면 쉽게 답을 찾을 수 있을 거예요. 나를 즐겁게 하고 들뜨게 하는 에너지! 이 에너지는 놀이를 통해서 커집니다.

놀이(에너지)란 뭘까요? 여유 있는 시간이건 그렇지 않건 내가 즐겁기 위해 하는 모든 것이 놀이가 아닐까 합니다. 그러므로 놀고 있는 사람에게는 의무가 있습니다. 바로 '놀고 나서 행복하기! 놀고 나서 즐겁기!'입니다. 그런데 나는 정말 놀고 나서 행복한가요? 놀고 나서 행복한 놀이를 분명히 알고 있고 에너지가 낮을 때면 그 놀이를 하나요?

우리 아이들은 어떤가요? 자기 생각이 뚜렷한 아이, 진로나 꿈이 어느 정도 명확한 아이, 목표가 있는 아이가 집중력이 좋고 효율적으로 살아갈 것이라 생각할 수도 있지만, 우리의 경험적 기억을 살펴보면 에너지가 높은 아이들이 무엇이든 할 때 상대적으로 집중력이 높고 효율적이었습니다. 물론 어른들의 세계도 마찬가지죠.

우리는 아이들이 자신이 원하는 자신의 에너지를 높여줄 놀이를 맘껏 할 수 있는 아이로 자라도록 도움을 주고 있을까요? 아니면 그런 기회를 적절하게 주고 있을까요? 게임과 운동, 친구와

엄마, 아빠만
사교육 하면 된다

의 시간 등 우리는 아이들이 진정 원하는 놀이를 싫어하지는 않은지 그래서 우리 아이들이 낮은 에너지로 주도적이기보다 명령에 따르는 수동적인 예비 어른으로 자라고 있는 건 아닌지 돌아보면 좋겠습니다.

다시 이 글을 읽고 있는 당신으로 시선을 돌려보겠습니다. 정말 하고 나면 에너지가 증가하는 놀이를 제대로 하고 있나요? 제대로 놀 줄 아는 당신을 상상해 봅시다. 잘 놀아야 합니다! 잘 놀아야 에너지가 높아지고 에너지가 높아야 불필요하게 짜증 내기보다 좋지 않은 상황이더라도 반전할 기회로 삼을 수 있습니다.

그럼 무엇을 하고 놀면 좋을까요? 저마다 경험이 다르고 적성이 다른데 어떤 놀이가 좋다고 구체적으로 말할 수는 없지만, 이 말씀은 꼭 드리고 싶습니다. 놀이의 종류는 많지요. 어떤 놀이는 당장 즐거워 보여도 효과가 지속되는 시간은 그리 오래가지 않는 경우도 있고 어떤 놀이는 나름 즐겁기도 하지만 그 효과도 상당히 오래가는 것이 있습니다.

놀이의 사전적 정의를 알고 계신가요? 놀이의 정의를 알려드릴게요.

놀이란 놀이 또는 유희遊戲는 인간이 즐거움을 얻기 위해 하는 활동을 말한다. 물질적 보상 또는 대가를 바라지 않고 하는 행위이며 외부의 강제에 의한 행위도 아니라는 점에서 노동이나 일과 구별되지만, 노동에도 유희적 측면이 있다고 보는 견해도 존재한다. 놀이의 핵심은 '즐거움'이다. 놀이 참여자는 놀이 규칙에 따라 수행하는 여러 가지 행위를 하면서 '즐거움'을 얻거나, 특정 행위 이후에 돌아오는 보상으로서 '즐거움'을 얻고자 한다. 즉 한 사람 이상의 참여자가 과정 또는 목표를 통해 '즐거움'을 얻을 수 있는 행위를 '놀이'라고 부를 수 있다. 여기서 '즐거움'이란, 통념상 타인에게 피해를 주지 않는 범위 안에서 느끼는 '긴장감, 성취감, 기쁨' 등의 건강한 정신 상태를 말한다. (위키 사전 참고)

　혼자서도 좋지만, 함께 할 수 있는 놀이에서 즐거움을 찾기를 바랍니다. 내 직장과 좋은 모임 등이 놀이터가 된다면 충분히 다른 이들로부터 부러움의 대상이 될 것입니다. 아직 마땅한 놀이가 없다면 지금부터 찾고 도전하세요! 그래서 아이들이 이렇게 이야기해야 합니다. "우리 엄마, 아빠 놀이요? ○○○ 정말 좋아하세요."라고요.

엄마, 아빠만
사교육 하면 된다

04

. . . .

시간표가 아닌 다짐표를 만들자

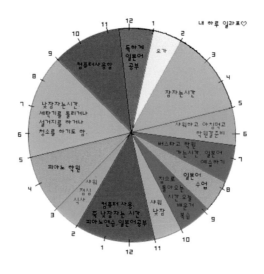

내 하루 일과표♡

하루 계획을 세워 보라고 하면 어떻게 하시나요? 컴퍼스를 찾아 동그라미를 그리고 자로 직선을 긋고 기상부터 꿈나라까지 칸을 만들고 일정을 짜나요? 우리가 일반적으로 사용하는 시간 단위의 일과표는 우리의 의도와 반대로 계획적이지 못한 사람을 만드는 데 효과적입니다.

생활을 효율적으로 하기 위해 시간을 배정했는데 배정된 시간을 지키기 위해 매번 시간만 보다가 집중력도 흩어지고 제때 해내지도 못하는 경우가 대부분입니다. 저녁을 7시부터라고 했어도 밥을 그때부터 먹을 수 있는 날은 그렇지 못한 날보다 적을 것입니다.

> 수학 난이도 보통 10문제 풀기 (　　)
> 영어원서 30쪽 이상 읽기 (　　)
> 게임 레벨 2단계 올리기 (　　)
> 거실 청소하기 (　　)
> ○○○에게 편지쓰기 (　　)
> 아빠에게 전화하기 (　　)
> 일잉 놀이 정하기 (　　)

자기주도력을 키우기 위해 만들었지만, 매번 시간을 지키지 못하는 사람을 만드는 시간표 보다는 매일 하고자 하는 일정을 나열식으로 적고 체크하는 '다짐표'를 만들 것을 권합니다.

다짐표를 하루 단위로 만들 필요는 없습니다. 일주일이나 그 이상의 단위로 내가 하고자 하는 것을 따로 정리하고 이뤄 나가는 과정에서 평소에 보이지 않았던 부분을 볼 수 있을 거라 생각합니다.

가장 좋은 계획표는 지킬 수 있는 계획표라고 했습니다. 자기주도력을 키우는 데 무엇보다 중요한 것은 자신이 세운 것은 꼭 해낸다는 경험과 만약 하지 못했을 때 할 수 있도록 다음에 어떻게 할 것인가라는 교훈을 얻는 것입니다.

05

·········

분노할 줄 아는 아이를 꿈꾸자

'화'와 '분노'의 차이점을 설명할 수 있으세요? '화'는 작은 것이고 화가 커진 것이 '분노'일까요? 평소와 똑같았던 오늘 아침, 아이는 아이대로 학교에 갈 준비를 하고 있고 남편(아내)도 각자 자신의 하루를 위해 준비하고 있는데 괜히 짜증이 난적이 없나요? 나중에는 이유를 알지만 당장은 이유를 설명할 수 없는 감정. 그래서 아이에게 감정을 쏟아 냈다면 그것은 분노가 아니라 '화'입니다.

화는 감정적인 것이라고 하지요. (인간은 뇌의 구조 중 감성과 이성의 비율이 9:2인 지극히 감정적인 동물이라 할 수 있습니다.) 순간순간의 감정에 의해 복받치는 것을 화라고 보면 될 것 같습니다. 감정적이기 때문에 이유 없이 화가 난다는 말은 맞는 말 같네요. 평소 화를 잘 내

엄마, 아빠만
사교육 하면 된다

는 분이 있다면 이렇게 말씀드리고 싶어요. 화가 난다는 것 자체는 정상이라고요. 내면에서 화가 나는 것 자체로 고통받을 필요는 없다고 말이죠.

화가 잘 나는 것이 문제가 아니라 잘못 표현하는 것이 문제가 될 수 있습니다. 감정이 자주 끓어오르지만 혼자서 잘 넘기는 엄마(아빠)와 가끔 화를 내지만 주변 사람들을 긴장하게 만드는 엄마(아빠)를 상상해보면 화를 잘 내는 것이 왜 중요한지 아시겠죠? 화는 자연스러운 것이니 화나는 것 자체는 정상이고 화를 표현하는 방법이 문제라면 문제라는 것까지 이야기하고 분노로 넘어가겠습니다.

'화'와 '분노'의 차이, 이제 감을 잡으셨나요? 화가 '감정적'인 것이라면 분노는 '이성적'인 것입니다. 생각하면 생각할수록 이해할 수 없고 답답하고 짜증만 나고 끝내 폭발하는 것이 분노입니다. 분노는 감정적이지 않고 이성적이기 때문에 이유가 있습니다. 그리고 당장은 해결 방법을 찾기 힘든 무언가 억울함이 있을 때가 많지요. 내가 피해자인데 가해자가 되거나, 내 잘못인 아닌 상대방의 잘못인데 고통은 내가 받거나….

당신의 '분노'는 무엇인가요? 분노는 생각할수록 커진다고 합니다. 해결하거나 방법을 찾지 않으면 해소되지 않는 것이 분노 맞습니다. 당신의 최근 분노는 무엇이고 지금까지 해결한 분노는 무엇인가요? 최근에 답을 찾은 분노를 기억하시나요? 지금은 어떤 분노를 해결하기 위해 노력하고 있나요? 아이에게 물어보세요. "엄마(아빠)는 어떤 것에 분노하는 거 같니?"

이 질문에 아이가 구체적으로 부모의 분노를 이야기할 수 있기를 바랍니다. 이 질문은 '엄마(아빠)는 무엇을 위해 살까?'라는 질문의 답과 비슷한 답이 나올 수 있거든요. 그렇다면 우리는 삶의 목적을 어디에 두고 살아야 할까요? 어떤 꿈을 꾸어야 행복한 하루하루를 만들어 갈 수 있을까요? 행복과 분노의 연결 고리를 알면 세상이 달라 보일 수 있습니다.

분노하지 못하는 사람들이 있습니다. 분노는 나쁜 것이기 때문

엄마, 아빠만
사교육 하면 된다

에 의식적으로 분노하지 않으려고 노력하다 보니 합리적인 사고와 자연스러운 분노를 경험하지 못하는 것입니다. 분노하지 않고 평범하게 좋은 것만 생각하고 살 수 있을까요? 원하지 않더라도 분노할 것이 너무도 많은 것이 우리의 삶입니다.

분노를 해결하기 위해 무엇을 해야 하는지 알고 그것을 실천하는 것은 쉽지 않습니다. 우리는 당연히 아이가 분노하지 않기를 바랍니다. 하지만 나와 아이가 세상을 살아가면서 더불어 행복하기 위해서라도 분노는 당연히 겪게 되는 감정입니다. 우리 아이가 합리적인 사고를 통해 분노하게 되고 그 분노를 해결하기 위해서 자신의 삶을 새롭게 설계하기를 꿈꾼다면 분명 불확실한 그 무언가로 불안하지는 않을 거랍니다.

'분노', 제대로 분노하는 것이 답이 아닐까 합니다. 제대로 분노할 수 있도록 도와주세요!

06

·········

사춘기 빨리 끝내는 주문

아이가 사춘기를 제대로 겪을수록 많이 힘듭니다. 왜 우리는 사춘기를 겪어야 할까요? 피할 수는 없을까요? 사춘기 아이를 사춘기에서 벗어나게 하고 싶은데, 노력할수록 역효과가 나는 경우가 많습니다. 아이와 부모 모두를 위해 효과적인 사춘기 해결방법! 시작합니다.

'사춘기 빨리 끝내는 주문'이요? 다음의 이 말(주문)을 아이가 할 수 있다면 어떨까요?

"우리 엄마, 아빠는 내가 원하는 건 다 들어주지 않아. 그런데 내가 정말 원하고 책임질 수 있다면 책임지라고 하면서

엄마, 아빠만
사교육 하면 된다

할 수 있게 해 주셔."

우리 아이가 이 말을 할 수 있을까요? 이런 말을 할 수 있는 아이가 되도록 우린 어떻게 하면 될까요? (이 글을 읽고 있는 엄마, 아빠들은 당신의 부모에게 위에 있는 말을 할 수 있으세요?)

그럼 한 가지씩 풀어 보겠습니다. 먼저 사춘기가 뭘까요? 이 글을 읽고 있는 당신은 사춘기가 지났나요? 대부분 사춘기 시절은 어렴풋이 생각나지만 어떻게 마무리를 했는지 생각나지 않는 분이 많을 거예요. 사춘기는 어느 시점에서 끝나는 것이 아니라 조금씩 정리되다가 나도 모르게 지나는 것이라고 생각하는 분들도 계시겠죠? 심지어 사춘기가 현재 진행 중인 어른도 있을지 모릅니다.

질풍노도의 시기라 불리는 사춘기의 키워드 중 큰 공감을 얻는 것이 '반항' 아닐까 합니다. 부모에 대한 반항, 학교와 친구 그리고 사회에 대한 반항이 다양하게 표출되는 시기인 사춘기는 동시에 불완전한 자신을 발견하는 시기기도 합니다. 자신과 미래에 대한 불확실이 클수록 불안감으로 인한 다양한 반응들이 사춘기를 더욱 사춘기답게 만듭니다. 어떻게 하면 자신을 사랑하는 마음을 키워 자신감을 높이고 미래에 대한 불안감보다 긍정적인 생각을 많이 갖게 할 수 있을까요? 이것이 우리가 찾는 답이겠지요.

사춘기를 해결하는 주문 '우리 엄마, 아빠는 내가 원하는 건 다 들어주지 않아. 그런데 내가 정말 원하고 책임질 수 있다면 할 수 있게 해 주셔.'에서 책임진다는 말이 어떤 말인지 나름 정리를 해 보겠습니다.

아이가 '내가 책임질 수 있으니 일단 믿고 따라줘.'라고 한다면 어떻게 대응하시나요? 이번에도 단어 뜻에 대해서 통일을 먼저 해야겠어요. '책임.' 책임진다는 것이 무엇일까요? 엄마, 아빠는 살아오면서 어떻게 책임을 졌는지 생각할 시간을 조금 드리겠습니다.

시험 기간에 한 번쯤은 겪어보는 이야기 하나 해 보겠습니다. 시험 기간을 몇 주 앞두고 아이가 먼저 시험을 잘 보기 위한 자신의 다짐을 이야기합니다.

아이: "엄마 이번 시험 기간에는 내가 열심히 공부하기 위해
휴대폰 사용을 안 할게. 내일부터 시험 끝날 때까지

엄마, 아빠만
사교육 하면 된다

휴대폰 사용을 안 할 테니까 잘 지켜봐 줘."

이런 상황을 경험해 보셨나요? 아니면 아이에게 요구한 적은 없었나요? 아이가 이렇게 먼저 이야기해 준다면 부모는 안 들어줄 이유가 없겠지요. 그렇게 아이는 시험 끝날 때까지 휴대폰을 사용하지 않기로 합니다. 그런데 안타깝게도 아이가 먼저 시험 기간에 휴대폰 사용을 안 하겠다고 했지만, 대부분의 경우 아이는 시험이 끝나기 전에 여러 가지 이유로 휴대폰을 사용하게 됩니다.

못 봤으면 몰라도 아이가 휴대폰을 사용한 것을 부모가 봤거나 알았다면 적절한 반응을 보여야 합니다. 일단 한번은 용서하고 한 번 더 기회를 주시겠지요? 그렇다면 한 번의 기회를 더 줬지만, 아이가 약속을 어기고 또 사용했다면 어떻게 하시겠나요?

두 번째 약속을 지키지 않고 휴대폰을 사용하다 엄마, 아빠에게 들켰을 때의 상황입니다. 아이가 먼저 휴대폰을 사용하지 않는다고 해 놓고선 두 번씩이나 약속을 지키지 못했으니 책임을 져야겠지요? 휴대폰 사용 금지 시간을 늘리시나요 아니면 이번 기회에 휴대폰을 없애려고 시도 하실까요? 스스로 한 약속도 지키지 못했기에 제대로 책임을 져야 하는데, 사실 어떻게 해야 할지 이런 상황에서 최선의 대처 방법을 찾기란 쉽지 않습니다.

제대로 책임지는 방법, 아래 부모 반응을 모시면 답이 보이지 않을까 싶습니다. 위와 비슷한 상황에서 이렇게 반응하는 부모가 있습니다. 먼저 아이에게 자신의 감정을 솔직하게 드러내는 거죠.

> 부모: "○○아 엄마(아빠) 화가 많이 난다. 솔직히 놀랐고 실망한 거 숨기기 힘드네. 우리 ○○이가 알아서 시험 기간에 휴대폰을 사용하지 않는다고 해서 믿고 지켜봤는데, 한 번도 아니고 두 번이나 몰래 휴대폰을 사용하다가 걸리니 정말 기분이 좋지 않아. ○○ 너는 괜찮아? ○○이도 화나지? 엄마(아빠)는 무엇보다 왜? 약속을 지키지 못했는지 궁금해. 우리 ○○이가 웬만하면 약속을 지킬 건데 그러지 못하는 특별한 상황이 있었던 건 아닐까? 이야기해 줄 수 있겠어?"

여기까지 이야기하고 나서는 가능한 아이의 이야기를 들어준다고 하네요. 그리고 아이가 나름대로 변명을 다 하고 나면 다시 이렇게 이야기하죠.

> 부모: "○○아 솔직하게 이야기해 줘서 고마워. 하지만 엄마(아빠)는 ○○이를 믿었기에 정말 ○○이가 책임을 제

엄마, 아빠만
사교육 하면 된다

대로 지는 사람이 되었으면 좋겠어. 그래서 ○○이가 약속을 지키는 사람이 되도록 도와주고 싶어. 어떻게 하면 ○○이가 말한 대로 시험 기간에 휴대폰을 사용하지 않을 수 있을까? 휴대폰을 정말 급하게 사용할 수밖에 없다면 이번처럼 몰래 사용하지 말고 엄마(아빠)에게 먼저 물어보고 상의해 주면 좋겠는데? 가능할까? 엄마(아빠)는 ○○이가 책임을 지는 사람이면 좋겠고 그 방법은 다름이 아니라 약속을 지키는 것이라고 생각해. 다시 기회를 가져 보고 열심히 지켜줘."

제대로 책임진다고 했을 때 '책임'이란 다시 기회를 얻고 끝내 해내는 것입니다. 할 수 있을 때까지 계속 기회를 만들어서 해냈을 때 책임을 지는 것입니다. 그리고 다시 도전할 때는 그전과 같은 노력이 아니라 충분한 대비로 꼭 이루기 위해 최선을 다해야 합니다. 물론 또 성공하지 못할 수도 있지만, 거기에 교훈이 있을 거고 다시 노력해서 언젠가는 이룰 수 있겠지요.

우리 아이가 '우리 엄마, 아빠는 내가 원하는 건 다 들어주지 않아. 그런데 내가 정말 원하고 책임질 수 있다면 할 수 있게 해주셔.'라고 말했을 때 책임이란 말의 무게는 상당할 거라고 생각합니다. 어렸을 때부터 많은 기회가 주어진 아이는 책임 있는 사람으로 성장할 가능성이 상대적으로 클 것입니다.

하지만 부모가 아이를 믿고 또다시 기회를 준다는 것은 쉽지 않습니다. 부모가 아이를 믿고 어려울 것을 알지만, 다시 믿어주었을 때 아이는 책임지기 위해 많은 노력을 할 것이고 그런 경험이 쌓여 자신에게 필요한 것이 무엇인지도 알게 될 것입니다. 그리고 책임진다는 말을 할 때는 기회를 얻기 위한 가벼운 말이 아니라 목표한 것을 꼭 이루기 위한 다짐으로 '책임'을 이야기하겠지요.

"우리 엄마, 아빠는 내가 원하는 건 다 들어주지 않아. 그런데 내가 정말 원하고 책임질 수 있다면 할 수 있게 해 주셔."

위의 말을 할 수 있는 아이가 왜 사춘기가 오지 않거나 빨리 지나가는지 감이 오시죠? 아이를 믿고 기회를 주고 목표를 이루기 위해 함께 노력하는 가족이라면 자신의 감정 표현에 솔직하고 자신이 처한 상황을 대부분 공개하고 도움을 청하지 않을까요? 쉽게 말해 소통이 잘 되는 가족인 거죠.

물론 '소통하자'고 해서 소통이 되지는 않겠지요. 도움을 주기 위해 마음을 열고 상대방이 내 진정성을 제대로 알 수 있도록 노력할 때 상대방도 마음을 열 수 있습니다. 우리 아이가 '책임'이란 단어를 제대로 사용할 수 있다면 우리 가족은 제법 소통이 되는 가족일 것이고 그렇기에 서로의 감정에 솔직하고 평소 하고 싶은 이야기를 편안하게 하고 있을 것입니다. 그런 가족의 아이에게 사춘기란 단어는 어색하지 않을까 합니다.

사춘기에 대한 다양한 이야기 중 제가 공감하는 것이 있는데 '엄마, 아빠의 모습 중 싫어하는 모습을 자신에게서 발견하고 부정하는 것'이 사춘기의 시작이라는 말입니다. 때문에, 사춘기는 엄마, 아빠의 모습 중 내가 싫어하는 모습이 나에게 있지만, 부모님의 그런 모습이 왜 존재하는지 알게 되고 나에게 있는 그 모습으로 살아갈 때 어떤 모습 일지 상상하며 나름대로 답을 찾았을 때 넘기는 것이라 하는군요.

우리 아이들이 미래에 대해 자신할수록 사춘기의 고통은 작고 짧다고 합니다. 엄마, 아빠의 모습 중 아이에게 있는 그 모습이 미래의 삶을 꿈꿀 때 긍정적인 역할을 할 수 있도록 엄마, 아빠가 무엇을 해야 할지 생각해 보면 좋겠습니다. 사춘기를 지났다고 모든 문제가 해결되지는 않지만, 잘 넘긴다면 삶을 보다 의미 있고 효과적으로 살아갈 수 있음은 물론입니다. 사춘기는 고통의 시간이 아닌 아이의 삶에 긍정적인 의미를 부여할 기회가 아닐까요?

4

중독을 이용하자

01

중독의 공통점

인터넷과 게임 중독은 우리가 정말 걱정해야 하는 것일까요? 중독이 잘되는 방법을 안다면 중독되지 않도록 노력할 수도 있지 않을까요? 독이라면 조금이라도 먹으면 안 되겠지만, 과식과 편식이 문제라면 잘 먹는 것이 중요하죠. 인터넷과 게임 중독은 독이 아니라 과식이나 편식입니다. 때문에, 무조건 나쁜 것이 아니라 잘 활용하면 얼마든지 이로울 수 있는 것이고 이것을 제대로 아는 것이 무엇보다 중요합니다.

물질 중독은 환각에 대한 유혹과 금단 증상 등으로 인해 다시 그 대상을 찾게 합니다. 이 책에서 이야기하고 싶은 것은 게임과 인터넷 등에 중독됐을 때 스스로 절제하거나 고치기 힘든 상황입니다. 하지만 이것은 중독의 공통점을 역이용하면 해결할 수 있습니다. 즉 중독이 스스로 해결하기 힘들다는 것을 바로 안다면 생각보다 쉽게 해결할 수 있다는 것이죠. 도움을 제대로 주는 것을 이야기해보겠습니다.

인간은 기본적으로 하지 말라고 하는 것에 대해서는 '호기심'과 하고자 하는 '승부욕'이 매우 강하게 생깁니다. 사람마다 한두 가지의 중독을 경험했거나 현재 경험하고 있다고 했을 때 공통점은 '하면 안 된다는 것'이고 시간을 정해놓고 언제까지만 하게 한다면 더 빨리 빠지게 된다는 것입니다.

'더 하고 싶다.'는 생각!
'왜 못하게 하지.'라는 생각!
'왜 나쁘다고 하는지 모르겠다.'는 불만 등

중독성을 키우는 것들로부터 자유로워진다면 중독을 막을 뿐만 아니라 잘 활용할 수 있습니다.

게임 중독에 빠지는 10가지 방법

제목 그대로 게임에 중독되는 방법을 알려드리겠습니다. 물론 일부러 아이들을 게임 중독에 빠트리는 부모님이 계시지는 않겠지만, 그동안 게임과 관련해서 엄마, 아빠가 취했던 여러 가지 방법들이 아이를 게임에 중독되게 한 것일 수 있기에 게임에 중독되지 않는 방법이 아닌 게임에 중독되는 방법을 알려드리겠습니다. 먼저 제가 실제로 받았던 질문입니다.

"게임을 좋아하는 초등학교 6학년 우리 아이가 게임 중독은 아니겠지요? 평일에는 게임을 못 하게 하고 있고 주말에 두 시간씩 게임을 하게 해 주고 있어요. 그런데 평일에 학교 갔다 와서 학원에 갈 때까지 시간이 조금이라도 있으면 게임을 하려 하고 어떨 때는 게임 하다가 학원에 늦거나 과제를 안 해 가는 것 같습니다. 내성적이라 평소에 무기력하게 보이고 말도 없는 아이인데, 게임을 하게 해 준다면 확 달라집니다. 다른 집처럼 컴퓨터를 없애야 하는지 아니면 더욱 강제로 게임을 못하게 강구해야 하는지요? 게임에 대한 생각 일부만이라도 공부에 돌리고 싶습니다. 백해무익한 게임에 어떻게 하면 빠지지 않게 할 수 있을까요?"

상당수의 부모들이 한 번 이상은 겪었고 고민했을 이야기죠? 게임을 못하게 하고 백해무익하다는 것을 아무리 강조해도 상황은 더 나빠지는 경우가 대부분이니 아래의 '게임 중독에 빠지게 하는 10가지 방법'을 참고하셔서 아이뿐만 아니라 중독이 염려되는 분들과 만족스러운 답을 찾으시길 바랍니다.

<게임 중독에 빠지게 하는 10가지 방법>

1. 엄마, 아빠는 게임은 좋은 것이 아니라 나쁜 것이라고 알고 있음을 기회 있을 때마다 알려 준다. (부모님의 동의를 받고 게임을 하더라도 눈치를 보게 되고 가끔 게임을 하지 않겠다는 말로 칭찬을 받을 수 있습니다.)

2. 굳이 게임을 하겠다면 주말 등 따로 정한 시간에 하게 하고 평소에는 못하게 한다. (주말에만 게임을 하는 아이가 가장 행복할 때가 언제일까요? 게임에서 좋은 결과가 나올 때보다 컴퓨터나 핸드폰의 전원을 켤 때라는 걸 아시나요?)

3. 게임을 정해놓고 하지만 가끔 맘에 드는 일을 하거나 좋은 성적을 내면 게임을 잠시 하게 해 준다. (게임을 하고 안 하고에 실제 원칙이 없으므로, 언제라도 게임을 할 수 있는 조건을 만들기 위해 평소에 전략을 짜고 실천할 기회를 줄 수 있습니다.)

4. 약속한 시간에 게임을 하겠다고 하더라도 내 기분에 따라 못하게 한다. (통제받는다는 것을 제대로 경험하게 해 줄 수 있습니다. 아이의 삶은 아이의 삶이 아닌 거죠.)

5. 엄마, 아빠는 게임 약속을 어길 수 있지만, 아이가 약속을 어기고 정해진 시간 외에 게임을 몰래 하면 최대한 혼을 내고 당분간 게임을 금지시킨다. (게임을 못하게 하는 것이 궁극적인 목표일 때 기회를 놓치면 안 됩니다. 이런 경험이 반복될수록 부모님에 대한 신뢰는 무너지고 몰래 하는 게임의 맛은 더욱 강해집니다.)

6. 게임을 두고 아이와 공부 등의 다른 목적을 성취하기 위해 보상물로 타협한다. (게임은 수단일 뿐 게임 자체로 아이의 삶에 긍정적인 결과를 기대할 수 없고, 부모가 바라는 이상적인 결과물이 무엇인지 간접적으로 알려 줄 수 있습니다.)

7. 게임 시간과 교과 성적은 반비례한다는 말은 증명되지 않았고 실제 그렇지 않지만 당연한 것으로 이야기한다. "게임을 한 만큼 성적은 나빠진단다." (과학적인 근거로 게임을 못하게 하는 것처럼 그럴싸하게 들릴 거예요.)

8. '언제든 원하면 게임을 할 수 있어요.'보다 '난 게임을 맘껏 해본 적이 없어요.'라고 말하는 아이로 키운다. (몰입은 게임이 아닌 공부에서 먼저 해야 하고 공부에서 끝나야 한다고 믿는 분이라면 신경 쓰셔야 합니다.)

9. 우리 아이는 게임 외에 다른 것을 하면서 놀지 못하는 아이로 키우고 아이도 그렇게 생각하도록 다른 놀이는 시도하지 않는다. (아이가 게임이 놀이이고 게임을 통해 에너지가 높아진다는 것을 부정한다면 다른 놀이를 통해서도 아이가 에너지를 높일 기회를 주지 않아야 합니다. 그래야 게임에 제대로 중독될 수 있습니다.)

10. 게임뿐 아니라 아이가 좋아하는 만화, TV, 핸드폰 등도 같은 방법으로 얼마든지 중독되게 할 수 있음을 알고 통제한다. (여러 가지 조건들을 동시에 중독되게 하면 더욱 빠르게 중독될 것입니다.)

엄마, 아빠만
사교육 하면 된다

03
. . . .

매일 게임 하는 방법

'게임 중독에 빠지는 10가지 방법'에 해당하는 것이 많으신가요? 중독의 원인이 아이에게 있지 않고 우리에게 있었다는 것을 안다면 벌써 절반은 해법을 찾은 것입니다. 당장 효과가 좋다고 항생제(강제로 게임을 못 하게 하는 것)를 사용하면 겉으로 보기에는 문제가 없지만, 다시 비슷한 상황에서는 병(게임 중독)에 걸리게 됩니다. 그보다는 자연치유(스스로 게임을 조절하는)를 통해 면역력을 높여 비슷한 병에 걸렸을 때 회복 속도를 빠르게 하는 것(게임을 하더라도 긍정의 효과가 큰 경우)을 시도할 차례입니다.

우리 아이를 위한다고 한 행동과 말, 생각이 반대로 아이를 게임 중독의 길로 가게 하는 것을 자주 보게 됩니다. 아주 어린 아이라도 자신이 하고 싶은 것은 가능하면 할 수 있어야 합니다. 중요한 것은 그 과정에서 우려의 목소리에 귀를 기울이고 그 우려에 대해서 생각해 보고 발전적으로 판단을 내리는 경험입니다. 하지 못하게 하면 오히려 호기심을 더욱 자극하고 불필요한 욕구를 키우게 될 것입니다. 무조건 나쁜 것이 아니라면 경험을 쌓게 하는 기회로 삼는 것이 어떨까요? 아이에게 선택권을 갖게 하는 것입니다.

항생제 처방보다 자연치유가 좋다는 것은 게임에서도 당연히 통합니다. 필자는 이런 질문을 받았습니다.

> "게임 중독 판정을 받은 우리 아이가 조금씩 게임을 줄이기로 했어요. 그런데 게임 대신 무엇을 하게 하면 좋을지 모르겠습니다. 게임을 대신할 좋은 놀이와 지도 방법 등이 궁금합니다."

제 생각은 이렇습니다. 부모님들은 게임 중독 판정으로 많이 놀라셨겠지만, 아이가 게임에서 벗어나기 위해 노력 할 것을 다짐하고 있다니 다행이고 이 기회를 통해 게임 중독에서 벗어나는 것과 동시에 그동안 충분하게 느끼지 못하고 있었던 가족의 화목함(새로운 소통방법)을 찾으시길 바랍니다.

게임하는 시간을 줄인다는 것은
단순히 물리적 시간만의 문제가
아닌 정신적인 만족도와도 연관이
있습니다. 때문에, 아이가 게임 시
간을 줄이는 것과 동시에 시간을
줄여서 하는 게임이라도 할 때는
충분히 만족하고 있는지 잘 살펴 주셔야 합니다. 게임 시간을 줄
였는데 게임을 통해 계획했던 만족을 못 하게 되면 게임 대신에
하는 다른 놀이와 시간이 다시 게임 중독을 일으키게 하는 이유
가 될 수도 있습니다.

게임을 많이 해서 문제가 아니라 게임에 지나치게 집중함으로
써 기본적인 생활과 가족을 중심으로 한 대인관계 등이 무너진
것이 문제라는 것을 아이가 이해할수록 게임 중독에서 벗어나기
쉬울 것입니다. 게임을 통해 이루고자 하는 목적이 무엇인지 정리
해 보고 그것을 이루기 위해 아이가 무엇을 중요시하는지 부모님
께서 함께 정리해 준다면 좋겠습니다. 그리고 그 정리된 내용과
비슷한 놀이(시간)는 일단 게임의 유형에 넣어서 관리해야 합니다.

다른 놀이를 통해 자신이 원하는 게임을 제대로 할 수 있는 방
법에 대해서 이야기해 보겠습니다. 여기서 핵심은 하루에 자유

시간이 두 시간인 아이가 있다면 다음날 게임을 한 시간 하기 위해 오늘 한 시간 동안 색다른 놀이를 하는 것입니다. 하루 2시간의 자유 시간 중 1시간은 내일 게임을 하기 위한 색다른 놀이를 하는 시간이고, 남은 1시간은 원하는 게임을 하는 시간입니다. (어느 정도 아이가 자제력이 생겼다면 시간을 정해서 게임을 하기보다는 레벨올리기, 몇 번 이기기 등의 목표를 이루는 것으로 변경해 주세요.) 오늘 새로운 놀이를 하지 못하면, 다음날 게임을 하지 않는 것에 아이가 동의한다면 언제든지 시작해 보세요.

새로운 놀이에는 게임을 비롯해 일반적으로 부모님이 싫어하는 TV 시청 등 영상물과 음악 그리고 스마트폰 사용 등을 제외합니다. 또한, 책 읽기 등 학습적 의미를 가져오는 것도 제외한 새로운 놀이를 정해서 하면 됩니다. 처음에는 새로운 놀이 찾기가 어렵지만, 놀이 찾기부터가 놀이가 될 수 있습니다.

게임류의 놀이 말고 오늘 꼭 해야 할 놀이를 제대로 한다면 다음날 하고 싶은 게임을 전날 다른 놀이를 한 만큼 할 수 있도록 하는 것을 원칙으로 하면 좋습니다. 그리고 다시 전날처럼 꼭 해야 할 놀이를 어느 정도 하고 다음날 그만큼 다시 게임을 하도록 해 주는 것을 반복하면 됩니다.

간단하게 말씀드리면 게임은 아이가 원하는 만큼 할 수 있지만, 그 게임을 하기 위해 게임 외에 다른 놀이를 해야 한다는 것

엄마, 아빠만
사교육 하면 된다

입니다. 아이 입장에서 게임을 하고 못 하고는 자신이 다른 놀이를 전날 했는가에 있기에 오늘 게임을 못한다면 그 원망의 대상은 자신이 됩니다. 또한, 게임 말고도 충분히 집중해서 놀 수 있고 재미를 느끼고 만족할 수 있는 그 무엇이 있다는 것을 경험적으로 알고 있는 아이는 게임 중독에 빠지기 어렵고 게임 중독 상태의 아이라도 중독에서 스스로 빠져나올 수 있습니다. 이 방법은 필자가 학생들을 지도하면서 사용했던 방법으로 부모님이 어느 정도 지원했던 모든 경우에 효과가 좋았습니다.

아이가 게임 외의 다른 놀이를 오늘 제대로 하지 않았다면 다음날 게임은 못하는 것이고 또 다음날 게임을 하기 위해서는 오늘 열심히 다른 놀이를 해야 한다는 것을 지키도록 부모님이 도와줘야 합니다. 잘 놀기 위해, 놀고 나서 행복한 아이가 되기 위해 부모님이 관심을 가지고 도움을 준다는 것은 소통이 잘 된다는 것입니다. 놀이를 통해 자유와 책임을 배우는 기회로 삼으시길 바라며, 엄마, 아빠의 감정에 따라 약속을 어기는 상황을 만들지 않도록 해 주세요.

이 방법을 실행하는 데있어 엄마, 아빠가 당연히 아이의 감정 상태와 일상의 흐름을 어느 정도 알아야 하고 그러기 위해 다양한 대화의 시도가 필요하므로 정서적으로 아이는 안정을 찾게 됩니다. 그리고 그 안정 속에서 부모님의 믿음을 알게 되고 자신에게 주어진 소중한 기회를 살리기 위해 노력할 수 있습니다.

다른 경우에서도 마찬가지겠지만, 이 방법을 시행착오 없이 처음부터 성공하기는 힘듭니다. 그래서 부모님마다 다양한 방법을 함께 하기도 합니다. 예를 들어 매일 시간별로 무엇을 하고 있는지 구체적으로 적어보는 것이지요. 일어나서 잠들 때까지 무엇을 하는지, 왜 하는지 시간대별로 적게 만들고 이렇게 만들어진 메모 형식의 기록을 어느 정도 시간이 지난 후 다시 보면서 자신의 긍정적인 변화를 이야기해보는 것도 좋은 방법입니다.

게임 외의 놀이를 정하라고 하면 보통은 운동이나 청소, 강아지와 놀기 등 평소에 가끔 했던 것을 선택합니다. 하지만 게임 대신에 하는 것이기에 학습적인 것을 제외한다면 모든 것은 놀이가 될 수 있습니다. 음식을 만들 수도 있고 다양한 봉사활동을 비롯해 휴일에 놀 계획을 세우고 준비하는 과정, 고장 난 무언가를 고치는 것, 그림을 그리거나 노래를 부르는 것, 다양한 사람에게 편지나 엽서 쓰기, 선물 만들기 등 요일별로 다른 놀이도 얼마든지 할 수 있고 심지어 내일 무엇을 하고 놀지 구체적인 계획을 세우는 것까지도 게임 대신에 할 놀이가 될 수 있습니다. 게임과 놀이를 통해 우리 아이들은 자신의 다양한 능력을 발견하고 발전시키게 됩니다.

제대로 놀지 못하는 아이들이 공부는 자기주도적으로 할 수 있을까요? 우리 어른들의 경험을 조금 빌리더라도 가능하면 현재의 생활을 즐기고 긍정적인 사람이 계획성있고 집중력이 상대적으로 높습니다. 아이가 멍하니 시간을 보내는 것은 정말 필요합니다. 불필요하고 무의미할 것처럼 보이는 그 시간을 통해 아이는 자신을 바로 보고 정말 하고 싶은 것이 무엇인지, 자신이 그것을 정말 할 수 있는지를 곰곰이 생각해볼 수 있습니다.

아이에게 이것을 했으면 좋겠다는 것보다 무엇을 하고 싶은지 들어줄 수 있는 열린 가슴과 가능하면 아이의 바람을 이룰 수 있는 기회를 준다면 우리가 느끼지는 못해도 아이들은 소중한 기회를 통해서 분명 조금씩 좋은 상황으로 나아가게 됩니다. 아이가 부모의 사랑과 믿음 속에서 자율적으로 자신의 놀이문화를 다양하게 개발할 기회를 주는 것도 게임에 집중된 관심을 다른 곳으로 돌릴 수 있는 방법입니다.

오늘도 즐거운 마음으로 아이에게 책임과 기회를 줘 보세요!

04
· · · · · · · · ·

사교육걱정없는세상을 만나고
'등대지기 학교'를 수강하다

   필자가 교육시민운동단체인 '사교육걱정없는세상'을 알게 된 것은 2009년도 가을쯤입니다. 인터넷을 하다가 우연히 사교육걱정없는세상에서 만든 '아깝다학원비!' 소책자를 보게 되었고, 학원 원장이었지만, '아깝다학원비!'에 있는 내용은 글자 하나 틀리지 않고 다 맞는 말이었습니다. (지금의 교육환경에 비춰보면 그동안의 성과로 수정할 내용은 제법 있습니다.) 바로 100권을 구입해 학생 부모님들께 학원 광고용으로 나눠줬습니다.

   며칠 뒤에 사교육걱정없는세상에서 전화가 왔습니다. 학원 원장이 책을 구입했으니 잘했다가 아니라 '더 좋은 책을 만들 수 있으니 후원해라.'라는 말을 했습니다. 그래서 매달 후원하는 정회원이 되었고 2010년 봄 엄마, 아빠를 위한 인터넷 사교육 '등대지기 학교' 수강 요청에도 응했습니다. 학원 상담할 때 도움이 될 것 같아 고3 때 단과 학원 수강 이후 처음으로 제 교육을 위해 강의 신청을 한 것인데 인생의 본격적인 전환점이 시작이었습니다.

등대지기 학교는 보통 7강에서 8강으로 매주 1강씩 생방송 또는 녹화 방송(물론 현장에서 듣기도 가능)으로 강의를 듣는 엄마, 아빠를 위한 사교육입니다. 제가 들었던 2010년 봄, 등대지기 학교가 4기였습니다. 1강이 제가 사교육걱정없는세상과 인연을 맺게 한 '아깝다학원비!'해설 강의였는데, 이 강의부터 제가 알고 있었던 상식과 철학이 붕괴되는 즐겁고 놀라운 일들이 시작됐습니다.

그렇게 매주 한 강의씩 들으며 소감문도 카페에 올리다 보니 어느덧 마지막 강의까지 듣게 됐고 '등대지기 학교'라는 이름에 맞게 졸업여행 및 졸업장 수여도 있었습니다. 김해에서 경기도 안성까지 가는 짧지 않은 1박 2일 여행이었지만 학원수업을 조정해서 참석했습니다, 그리고 둘째 날 졸업식 때 졸업생 대표로 답사를 읽었는데 글 제목은 '저에게 꿈이 있습니다.'였습니다.

<저에게 꿈이 있습니다>

저는 학원을 5년째 운영하고 있습니다. 입시학원이고 과학고를 가고자 하는 학생들을 가르치는 학원입니다. 과학고에서 요구하는 보편적인 기준을 맞추기 위해 수많은 경시대회와 선행·심화 수업을 중심으로 합니다. 보통 6시부터 자정까지 학원에서 학생들이 공부하는 보통 입시학원의 모습으로 살아왔던 시간이 있었습니다. 아니, 지금도 그런 모습이 남아있습니다.

하지만 무한 경쟁이 학생들과 부모의 삶을 파괴하듯이 학원과 그 속의 구성원들도 정상적인 삶을 살아갈 수 없기는 마찬가지였습니다. 학원 간의 무한경쟁에서 이기기 위해 더

혹독한 수업과 일정은 당연하였기에, 학원을 운영하는 제가 성공하기 위해서는 학생과 선생님들에게 독한 원장, 나쁜 원장이 되는 길 밖에는 보이지 않았습니다.

그런데 아이가 태어나고 제 아이의 마음을 읽기 위한 노력 일부를 가르치는 학생들과 부모님들에게 열어보니 그동안 보이지 않았던 다른 길이 보이기 시작했습니다. 희미하지만 분명히 가능성이 있다고 생각하게 된 그 길은 당연히 제가 가야 하는 길이고 아이가 스스로 공부하고자 하는 동기 부여와 동기부여가 된 아이들이 효과적으로 공부할 수 있는 환경입니다.

저에게는 꿈이 있습니다. 우리 아이에게 보여주고 싶은 꿈입니다. 아빠가 꿈을 꾸는 모습을 통해, 그 꿈을 이루기 위해 노력하는 제 모습을 본다면, 우리 아이가 자신의 꿈을 맘껏 꾸고 이루어 가는 과정이 즐겁고 더 행복할 수 있기 때문입니다.

제가 꾸는 꿈은 누구나 생각할 수 있는 소박한 꿈이지만, 아직 그 누구도 이루지 못한 불가능의 꿈이기도 합니다.

'경쟁이 아닌 성취에 대한 동기부여를 하면서 자기주도학습을 할 수 있도록, 가치 있는 삶을 살아가는 모습을 보여주는 부모님이 되어 주세요. 그것보다 좋은 진로교육은 없습니다.'라는 말을 상담실에 붙여 놓고 학원에 오는 부모님과 이야기하고 있습니다.

제 꿈은 '불행한 삶을 행복한 삶이라 생각하고 잘못된 교육을 당연한 것으로 생각하는 사람들이 서로의 감정에 충실하고 지금보다 행복한 세상을 만드는 것'입니다. 오늘 이 자리에서도 전 제 꿈을 이뤘고 또 이뤄 나갈 희망을 키우고 있습니다.

행복하기 위해 공부하고 행복하기 위해 학교에 가고 행복하기 위해 직장 생활을 할 수 있는 세상을 만드는 것에 있어 기본 중의 기본은 사교육걱정없는세상을 만드는 것입니다. 또한, 사교육걱정없는세상을 만들기 위해 서로의 감정을 주고받고 서로의 감정을 코치하는 가족 문화를 만들고 싶은 것이 제 꿈입니다.

등대지기 학교 강의를 들으면서 우리 아이가 진정 행복하기

엄마, 아빠만
사교육 하면 된다

위한 길이 외로운 길이 될 것이라고 생각했던 적이 있습니다. 다른 아이들과 비슷한 붕어빵 길, 이웃집 아줌마가 말하는 다른 사람의 길이 아니라 자신의 감정에 충실한 길을 가야 합니다. 충분히 즐기면서 행복하게 자신의 삶을 맘껏 느끼고 살아갈 수 있습니다.

우리 아이들에게 부모로서 어떤 삶을 보여줄 것인가 했을 때, 저는 제 삶부터 다른 사람들이 걷지 않았던 길, 맞지만 힘들다고 하는 길을 가는 제 모습을 보여 주고 싶습니다. 그 길에서 충분히 행복할 수 있다면 그보다 더 좋은 부모 교육은 없지 않을까 합니다. 우리 사교육걱정없는세상에서 꿈꾸는 세상은 단지 바른 교육, 행복한 교육에서 그치는 것이 아니라 바른 교육을 통해 우리 삶 전체에서 불행한 시간보다 행복한 시간을 더 많이 만들어 줄 것이라고 확신합니다.

우리 학원이 '대안 학원'이었으면 좋겠습니다. 사교육걱정없는세상에서 말하는 행복한 교육을 학원에서도 이뤄 낼 수 있다면 그것은 무엇일까 생각해 봤습니다. 아이들이 필요할 때 편안하게 와서 즐겁게 자신의 공부를 하고 진로는 찾아가는 학원을 만들기 위해 먼저 제가 변해야 하고 아이들을 지도하는 선생님들이 변해야 합니다. 하지만 저는 이번 사교육걱정없는세상과 함께한 등대지기 학교를 통해 지금도 그 길을 가고 있음을 확신했습니다.

아는 만큼 세상을 이해한다고 생각합니다. 아는 만큼 보고, 아는 만큼 생각하기에 우리는 우리 아이들의 행복을 위해 바른 생각을 더 많은 부모와 아이들이 할 수 있도록 해야 합니다. 저와 우리 학원이 김해에서 경남에서 사교육걱정없는 세상의 울림을 전달하는 멈추지 않는 진원지가 되겠습니다.

매번 볼 때마다 정말 이 말을 지키기 위해 살아가고 있는지 묻고 반성하게 됩니다. 입시학원 강사면서 동시에 원장이었던 제가 사교육걱정없는세상을 만나고 교육 운동 강사로 활동하는 오늘까지 몇 년밖에 안 지났지만 많은 변화가 있었습니다. 지금도 도전하고 있고 시행착오를 겪고 있지만 제 꿈은 지금도 조금씩 이뤄지고 있습니다.

교육시민단체 사교육걱정없는세상은 2022년 대한민국에서 입시 사교육이 사라진다는 것을 목표로 하나, 둘 실현하고 있습니다. 지난 대선에서는 '선행교육 규제법'을 후보들이 공약으로 채택

엄마, 아빠만
사교육 하면 된다

하도록 해서 2014년 9월부터 시행 중이고 외고 입시 제도를 시작으로 특목고 입시가 내신 성적만을 활용하도록 전환되는 데 결정적인 역할을 했으며, 수학 교과 내용의 축소 등을 제안하고 주도했습니다.

대한민국에서 입시 사교육이 사라진 대한민국을 곧 만날 수 있다니, 생각만으로도 즐겁습니다.

05

대안 학원을 아시나요?

등대지기 학교 졸업여행 후 졸업생 대표 답사에서 약속한 것이 지역 모임과 대안 학원을 만들겠다는 것이었습니다. 과학고 등 입시전문학원을 운영하다가 칠판 수업의 한계를 느끼고 1:1 수업 방식으로 수업하는 것을 늘리고 있던 차에 만난 사교육걱정없는세상과 우리 교육에 대한 진실은 사교육 걱정없는 학원을 만들고 싶다는 꿈을 꾸게 했습니다. 그래서 2010년 학원 이름을 바꾸고 대안 학원이라 불리는 것에 부끄럽지 않도록 운영 전반에 변화를 주었습니다.

대안 학원도 사교육 아닌가요?
대안 학원의 목적은 무엇이어야 할까요?

엄마, 아빠만
사교육 하면 된다

저는 불필요한 사교육을 하지 않도록 하는 것이라 생각했습니다. 또한, 필요한 사교육이 있다면 할 수 있지만 필요한 사교육과 불필요한 사교육을 구분할 수 있는 능력이 있어야 한다고 생각했습니다. 학생들이 대안 학원에 다니면서 자신에게 필요한 사교육과 필요 없는 사교육을 구분하고 자기주도적으로 학습을 계획하고 노력할 기회를 가지기를 바랐습니다.

그래서 학생과 학부모가 학원에 와서 처음 이야기를 나누는 상담부터 다르게 했습니다. 입학고사 대신 다중지능검사와 자기주도력검사를 했고 '학원에 왜 왔는지, 학원을 언제 그만둘지'를 물어봤습니다. 정말 이 학생이 학원에 등록했을 때 목적을 이룰 수 있을지도 확인했습니다. 그 목적을 꼭 이루려면 등록하라고 했습니다.

이 책 곳곳에 담겨 있는 자기주도적 학습방법을 상담할 때 알려주기도 했고 특목고에 진학하려고 하는 학생에게는 진로 상담 시간을 더 늘려 특목고 진학보다 진학 후 환경과 진로에 대해서 상담했습니다. 모든 수업은 1:1로 진행했고 집에 가기 전에 수업한 내용을 책을 보고 설명하게 했습니다. 설명을 잘하지 못하면 혼자만의 시간을 가진 뒤 다시 도전하게 했습니다.

학생들이 책을 읽고 있는지 이해를 바탕으로 설명하고 있는지 판단하는 것은 선생님의 몫입니다. 처음에는 잘 안되지만 익숙해 질수록 아이들은 처음 수업들을 때 잘 들어야 한다는 가장 기본적인 원칙을 이해하고 실천합니다. 학습 지도를 받을 때 내가 이걸 설명할 수 있을지 없을지 판단하는 것이죠. 학원에서 한 과목으로 시작하지만, 습관이 된다면 학교에서도 자연스럽게 수업들을 때마다 적용하게 됩니다. 이러한 과정에서 학생마다 자신들이 어려워하는 구체적인 학습 장애현상들을 꺼내놓게 되는데, 대표적인 것 중 하나가 한글을 읽거나 듣고 해석하는 능력입니다.

아이들이 상대방의 말을 듣고 해석할 때 말한 사람의 입장에서 해석하는 것이 아니라 자신의 사고에서 즉석으로 해석하는 태도는 학습에 매우 부정적입니다. 자신의 견해를 꺼내기 전에 먼저 상대방이 어떤 의미로 말을 했는지 파악해야 하는데, 이 부분에 대한 아이들의 능력은 점점 나빠지는 것 같습니다.

제대로 된 대안 학원을 만들려고 여러 가지 시도를 해 보면서 우리 사회의 소통문화, 가족문화, 대화문화가 얼마나 망가져 있는지 알게 되었고 학원 수업시간에 그것을 학생마다 바로 잡기 위해 만나는 것의 한계를 알게 되었습니다. 학생이 할 수 있는 것이 있다면 부모님도 해야 할이 있기 때문입니다.

필자는 현재 학원을 운영하고 있지 않습니다. 한겨레신문에 인터뷰 기사가 나가고 지역 방송 사람 소개 프로에도 출연하는 등 사교육 걱정 없는 세상을 꿈꾸는 입시학원 원장으로 관심을 받았습니다. 하지만 학원은 저 혼자만의 것이 아닌 함께 근무하는 선생님들의 것이기도 했는데 경제적으로 안정되게 운영하기 위해서는 넘어야 할 벽이 많았습니다.

학원의 목표가 학원을 그만두게 하는 것이었고 충분한 준비 없이 실험적으로 운영한 것이 학원경영을 힘들게 했기에 2013년 말에 폐원했습니다. 다시 대안 학원을 만들기보다 다른 방식으로 도전은 계속하고 있지만 대안 학원 방식으로 3년 정도 운영하면서 한 경험은 매우 값졌습니다.

엉뚱할 수 있지만, 결론을 내리자면 학원에서 1:1 수업은 불법 고액 과외가 아닌 이상 거의 불가능합니다. 바른 자기주도학습은 무엇보다 관심이 우선이고 아이 입장에서 생각할 때 제대로 시작할 수 있습니다.

5

자기주도 진로 찾기

01

수능을 1년 앞둔 학생 그리고 부모님께

이제 수능을 일 년 앞둔 학생 그리고 부모님과 진로 및 학습법 상담을 한다고 생각하고 글을 적어 보겠습니다. 먼저 자신의 적성은 어느 정도 알고 있는지 궁금하네요. 자신의 적성을 이야기할 수 있으면 다른 이야기들도 어렵지 않게 풀리겠지만, 수험생 중에서 수능을 1년 앞두고도 자신의 적성에 대해 자신 있게 말하지 못하는 경우가 많습니다.

수능 1년 전이라는 조건을 두었기 때문에 진로를 대학 입학과 취업으로 좁혀서 이야기하겠지만, 고등학교 졸업 후 대학 진학을 하지 않고 다른 길을 선택하는 학생에게도 도움이 될 것입니다. 적성검사로 MBTI도 많이 이용하지만 저는 개인적으로 다중지능

검사를 추천합니다. 두 검사 모두 자기 상태에 대해 솔직하게 대답한다면 신뢰할 수 있어 좋습니다.

하지만 다중지능검사를 중심으로 이야기하는 이유는 8가지 적성 중 상위 3개가 말하는 방향으로 진로를 선택하는 것이 이상적이기 때문입니다. 더불어 하위 3개의 적성과 연관된 진로는 당연히 피하는 것이 좋습니다. 자신의 적성이 어느 방향을 향하고 있는지 보면서 전공을 선택하면 됩니다. 적성검사 결과가 여전히 불안하다면 뒤에 이야기할 '진로 찾기 인터뷰 여행'을 참고해 주세요.

전공을 선택하는 데 적성과 더불어 중요한 것이 자신이 하고 싶은 것을 찾는 것입니다. 적성은 좋아하는 것을 찾는 것이기에 좋아하지만 하고 싶지 않을 수도 있습니다. 반면에 평소에 관심이 없고 경험이 없어 좋아하지 않거나 잘 알지 못했을 뿐 알고 보면 내가 얼마든지 좋아할 수 있고 잘할 수 있는 일들이 있기에 대입 원서를 쓰는 날까지 관심을 열어 두고 있어야 합니다.

대학교 진학을 앞두고 과를 선택해야 하는데, 정말 하고 싶은 일과 관련된 전공을 무엇으로 선택하느냐의 중요성은 아무리 강조해도 부족함이 없습니다. 정말 하고 싶거나 어느 정도 흥미가 있는 과를 선택해야 하는데 현실은 여전히 점수에 맞춰 대학을 정하고 과를 선택하는 경우가 많지요.

수능 1년을 앞두고 자신의 적성과 하고 싶은 일을 어느 정도 알고 대학보다 먼저 전공을 선택할 수 있는 시간을 가져 보기 바랍니다. 과를 선택하면 일반적으로 대학을 선택하는데, 저는 대학 선택 이전에 교수님을 알아보고 선택하라고 권합니다. 취업(또는 학업의 연장) 현장에서는 졸업한 학교를 보기보다는 전공과 전공의 이해 등에 관심을 보이는 정도가 커지고 있습니다. 전공을 선택한 뒤 그 전공과 관련된 우리나라에서 손가락 안에 드는 훌륭한 교수님을 찾고 그 교수님이 있는 학교를 먼저 검토하는 것을 권합니다.

전공을 대략 정했다면 다음은 입시 전략입니다. 대학마다 전공마다 전형이 다르므로 시간이 날 때마다 자신이 선택한 전공(과) 입시 전형을 대학마다 분석해야 합니다. 처음에는 낯설어 이해가 잘되지 않겠지만, 진로 담당 선생님과 담임선생님의 도움을 받는다면 웬만한 입시전략은 만들 수 있습니다. 전공을 대략 정하고 입학전형에 대해서도 어느 정도 정보가 파악되었다면 수시와 면접, 수능과 내신 등에 대한 구체적인 준비에 들어가게 됩니다. 이제 그것에 도움이 되는 학습법에 대해 이야기해 보겠습니다.

수험생의 역할은 사실 진로와 전공에 대한 깊이 있는 탐구가 아니라 당장 눈앞에 있는 내신과 수능 거기에 논술까지 준비하는 것이 일반적입니다. 학습과 관련된 상담을 받을 때 많이 듣는 이야기는 '우리 아이는 머리가 좋은데 집중력이 약해서 걱정이고, 마음만 먹으면 얼마든지 할 수 있는데 목표가 없어서 하지 않는다.'와 같은 이야기입니다.

어느 정도 맞는 말인 것 같지만, 이렇게 이야기할 수 있습니다. 아직 자신(적성과 하고 싶은 것)에 대해서 잘 모르고 사회에서 어떤 역할을 할지 인식도 낮고 제대로 분노하거나 큰 감동을 받아 보지 못했기에 목표를 세우기 힘듭니다. 목표가 없으니 불안하고 당장은 행복한 에너지가 작아 오랫동안 집중력을 유지 하며 학습한다는 것은 불가능에 가깝습니다. 성적 좋은 학생들의 학습법을 잘 지도 받으면 효과가 잘 나올 것 같지만, 처음에 반짝하고 오래가지 못하는 이유가 무엇인지 알아야 합니다. 이것은 이해보다 암기식으로 학습하기 때문에 나타나는 당연한 현상입니다. 적성과 분노의 대상 찾고 큰 감동의 경험 등을 통해 정말 하고 싶은 것을 마음속에 그리는 것이 중요합니다.

수능을 1년 앞두고 무엇보다 필요한 것은 자신을 알고 자신의 선택에 대한 자신감을 갖고 자신만의 학습 성취도를 높이는 방법을 찾는 것이 아닐까 합니다. 오늘 글이 그 시작에 도움이 되었으면 합니다.

02
· · · · · · · · ·

직업이 꿈인가요?

"너 커서 뭐가 될래?"

어떤 대답을 해야 할까요? 직업을 물어본 걸까요, 꿈을 물어본 걸까요? 앞의 질문은 직업을 물어본 것이 아닐까 합니다. 꿈을 물어본다면 "당신은 미래에 어떤 사람이 될 것입니까?"라고 물어야 합니다.

아이들에게 장래희망을 적어보라고 하면 아이들이 직업을 말하는 것이 너무나 당연하지만, 장래희망을 물어보는 것 자체가 잘못이란 인식을 하는 사람은 별로 없어 보입니다. 직업을 정하고 그 직업을 이루기 위해 살아가는 것이 당연하고 누군가에게는 부러운 일일수도 있지만, 그 직업을 이뤄서 무엇을 하고 싶고 어떤 사람으로 평가를 받느냐의 문제는 또 다른 것입니다.

장래희망으로 말한 직업을 선택한 이유를 정리할 수 있는 만큼 정리합니다. 그리고 그 이유를 충족할 다른 직업을 알아보고 그 직업도 자신의 장래희망으로 포함할 수 있는지 이야기를 해보면 좋겠습니다. 장래희망을 정하지 말자는 것이 아니라 장래희망을 정하는 이유를 더 가꾸고 키워서 어떤 사람이 되고 싶다는 것이 자신의 꿈이 될 수 있도록 노력하면 어떨까요?

'무엇'과 '왜'라는 말을 통해 직업과 꿈을 구분할 수 있습니다. 자기주도적 진로를 찾는 것은 무엇이 될 것인가 보다 왜 그런 사람이 될 것인가에 대한 질문에서 출발합니다. 엄마, 아빠도 자신에게 같은 질문을 해보면 좋겠습니다.

03

· · · · · · · · ·

아이야, 이 능력 어떠니?

우리 아이가 행복하기 위해서 또는 자신이 생각하는 성공을 위해서 아이에게 한가지 능력을 선물하거나 아이가 스스로 만든다면 어떤 능력이면 좋을까요? 이 한 권으로 모든 답을 찾겠다는 분은 먼저 심호흡을 하시고 욕심을 최대한 내려놓으신 다음 읽어 주세요. 이 책은 끝이 아니라 시작일 뿐입니다.

자신을 포함해서 성공한 사람이 있다면 누구인가요? 책이나 미디어를 통해서가 아닌 직접 알고 있는 사람 중에서 성공한 사람을 생각해 보세요. 없다고요? 그렇다면 당신의 성공 기준을 생각하고 거기에 가장 가까운 사람을 떠올려 보세요. 생각보다 어렵다면 성공이란 말을 행복이란 말로 바꿔서 생각해 보세요. 있으신가요?

　'우리 아이에게 한가지 능력을 선물한다면 또는 아이가 스스로 만든다면 어떤 능력이면 좋을까요?' 우리 아이에게 줄 능력입니다. 내 인생도 어떻게 한다는 것이 쉽지 않은데 아이의 인생을 어떻게 하냐고 하실 수도 있지만, 우리는 아이들 인생에 막대한 영향을 줄 수 있는 능력이 있습니다. 당신이 아이에게 영향을 줄 수 있는 입장이라면 선택할 수도 있음은 물론입니다.

　한 가지 능력을 줄 수 있다면 어떤 능력을 주고 싶으세요? 성공한 사람, 행복한 사람을 봤을 때 그 사람의 중심적인 능력이 무엇인지 알고 그 능력을 아이에게 줄 수 있다면 좋겠지요? 자신 있게 말씀드리건대 웬만하면 줄 수 있습니다. 조건은 있고 항상 성공할 수는 없지만 도전해 볼 가치가 있습니다. 당연히 노력해야 하고 포기하지 않아야 합니다.

자, 그럼 능력에 대해서 하나씩 이야기해보죠. (아래의 답들은 제 지인들에게 물어본 후 나온 이야기들입니다.) 먼저 '성실함'에 대해서 이야기해 볼까 합니다. 행복하기 위해, 성공하기 위해, 성실한 사람이 된다는 것은 나쁘지 않네요. 하지만 제 주변에만 봐도 성실함에 있어 결코 뒤처지지 않지만 성공했다고 말하기 힘든 분들이 많습니다. 무엇을 위한 성실함인지에 따라, 무엇을 하고 있는 성실함이냐에 따라 많은 것들에 차이가 있네요. 성실함은 주고 싶은 능력이기보다는 기본이 아닐까 합니다. 최소한 자신이 무언가 하고 싶을 때 집중해서 할 수만 있다면 최소한의 성실함은 보장되겠죠.

두 번째로 '자신을 있는 그대로 사랑할 수 있는 능력'입니다. 나름 강력한 능력이 아닐까 합니다. 자신을 있는 그대로 사랑할 수 있는 사람은 어떤 사람일까요? 어떻게 하면 그런 사람이 될 수 있을까요? 이런 사람이 되면 사회적으로 어떤 성공을 하게 되는 걸까요? 다른 사람을 사랑하기에 앞서 자신을 사랑하는 것이 순서가 맞을 것 같습니다. 그래도 '자신을 있는 그대로 사랑할 수 있는 능력'을 잘 모르겠다고 하시는 분은 이렇게 생각하면 어떤가요?

자신을 있는 그대로가 아닌 다르게 사랑한다면?

자신을 사랑하지 않는다면?

나 자신을 다른 모습으로 사랑하거나 자신을 사랑하지 않는다는 건 자신의 모습에 만족하지 않기 때문이거나 다른 존재로부터 자신에 대한 부정적인 인식이 심어졌기 때문일 수 있습니다. 자신을 사랑하는 능력이 다른 사람을 사랑하는 능력으로 어떻게 발현될까요? 행복한 인생을 만드는데 이 능력보다 조금 더 큰 범위의 능력이 있어야 하지 않을까요? 그럼 이제 세 번째 능력에 대해 이야기해 봅시다.

세 번째로 '주고 싶은 것이 없다.'는 답을 하신 분도 있습니다. 정말 주고 싶은 것이 없냐고 다시 물으니 '제 삶과 아이의 삶은 완전히 다르다고 생각해요. 무언가의 능력을 준다면 그때부터는 그 삶에 기대를 할 것이기에 줄 것도, 주고 싶은 것도 없어요.'라고 하시네요. 우문현답이라고 해야겠습니다. 저는 하루라도 빨리 아이들 스스로 자신의 인생에 가장 큰 영향을 행사하는 때가 오기를 바랍니다.

04

·········

수능 만점의 비결, 문제는 진로!

자기주도력이 좋고 높은 집중력으로 효율적으로 공부했기 때문에 수능 만점을 받았다는 블로그 글들이 제법 있습니다. 그 글들을 읽어보니 내용 대부분은 자기주도학습이 매우 중요하고 효과적이기 때문에 자기주도학습을 해야 한다는 것이었습니다. '어떻게 하면 자기주도학습을 잘할 수 있나?'라는 물음에 사교육을 받아야 한다는 말을 남기면서 광고하는 글도 있었습니다.

이 장에서는 앞에서 이야기 한 여러 가지 이야기를 종합해 '수능 만점 비법'을 정리해서 말씀드리겠습니다. 물론, 만점을 받지 못하더라도 한 분이라도 더 이 방법을 활용한다면 좋겠습니다. 제가 말하는 비법을 할 수만 있다면 그 아이는 정말 꿈을 위해 행복하게 최선을 다하는 아이가 아닐까 싶거든요. 필자는 강연할 때 2012년 수능에서 만점을 받은 학생에 대한 기사를 활용해서 수능 만점 방법을 안내합니다. 먼저 수능 만점을 받은 학생과 관련된 신문기사 내용을 봅시다.

"집중할 때는 아무리 큰 소리도 들리지 않았습니다."

수능 5개 영역 모두에서 '퍼펙트 만점'을 받은 ○○○ 군의 비결은 평범 속 비범에 있었다. ○○ 군은 '수능 5개 영역에서 모두 만점을 받았다.'는 채점 결과를 받았다. ○○ 군은 자신의 공부 비결로 집중력을 가장 먼저 꼽았다. 자리에 앉으면 4~5시간 동안 화장실에도 가지 않을 정도로 단 한 번 일어나지 않았다. 그날 세운 목표량을 달성할 때까지 결코 책상을 떠나지 않았다.

○○ 군은 "집중이 최고조에 달했을 때는 크게 튼 TV 소리도, '밥 먹으라'는 고함에 가까운 어머니 목소리도 들리지 않았다."고 말했다. 그는 학원에 다니는 대신 학교와 독서실에서 자기주도학습을 한 게 집중력 향상에 도움이 됐다고 조언했다.

두 번째로는 뚜렷한 목표 조기 설정과 철저한 자기 관리였다. ○○군은 고교 1학년 때 뚜렷한 자기 목표를 세웠다. 중학교 때까지 반에서 3등 안에 들 정도의 성적을 유지했지만, 특목고 진학에 실패했다. ○○ 군은 "△△ 고교로 진학한 뒤 일찌감치 금융전문가의 목표를 세우고 공부에 매진했다."고 말했다.

○○ 군은 2학년 때까지 여느 학생들과 마찬가지로 아침 8시에 등교해 수업을 듣고 주로 학교나 독서실에서 자율학습을 했다. 부족한 부분은 인터넷 강의로 보완했다. 그러나 3학년이 되면서 새벽 2시까지 공부시간을 늘렸다. 수능을 석 달 남겨놓고는 밤 11시쯤 자서 아침 6시에 일어나 7시까지 등교하는 등 수능 시간표에 맞춰 공부했다.

○○군의 어머니 ○○○씨는 "○○가 하루 6~7시간씩 잠을 푹 자는 대신 공부할 때는 놀라운 집중력을 보였다."고 전했다.

그러나 ○○ 군은 공부만 하는 학생은 아니었다. 1학년 때부터 3학년 1학기까지 인근의 중증장애인 시설인 'OOO 집'에서 봉사활동을 하고 반 친구들의 학습 멘토 역할도 했다고 한다.

○○ 담임교사는 "○○는 3년 내내 선행상을 받았는데 이는
흔하지 않은 일"이라며 "사회 상식도 풍부한 데다 예의 바르
고 마음씨도 좋아 교사나 친구들에게 인기가 많았다."고 칭
찬을 아끼지 않았다.

○○ 군은 대학에 진학한 뒤 경제학을 전공해서 한국은행
이나 IMF 등 금융기관에서 일하며 서민을 위한 금융정책을
이끌고 싶다는 포부를 밝혔다.

이 기사 속에서 이 학생의 수능 만점 비결을 찾으셨나요? 집중
력이 좋은 학생이고 고1 때 뚜렷한 목표를 세우고 공부했으며 봉
사활동도 열심히 한 학생으로 꿈은 서민을 위한 금융정책을 이끈
다는 것이었습니다. 이 학생을 따라 하려면 무엇부터 해야 할까
요? 노트 필기법이나 시험공부를 구체적으로 어떻게 했는지 알아
야 할까요?

저는 그보다 먼저 무엇이 이 학생에게 서민을 위한 금융정책을
꿈꾸게 했고 그 꿈을 목표로 공부하게 했느냐에 관심을 가져봤습
니다. 무엇일까요? 서민을 위한 금융정책을 꿈꾼다는 것은 결코

쉬운 일이 아닐 것입니다. 어떤 정보와 경험이 이것을 가능하게 했는지 감이 오시나요?

아마도 중증장애인 시설에서 1학년 때부터 한 봉사활동이 큰 이유가 아닐까 합니다. 중증장애인 시설에서 생활하시는 분들은 입고, 먹고, 씻고, 이동하는 거의 모든 것을 다른 사람의 도움을 받아야 가능하신 분들입니다. 이곳에서 자원봉사를 하면서 이 학생은 이 시설의 운영에 대해 관심을 가지지 않았을까 합니다. 아니면 몸이 불편한 분들의 생활에 대해서 더 알게 되었을 수도 있겠지요.

한국은행과 IMF의 공통점이 있다면 물가를 조절하는 역할을 한다는 것입니다. 서민을 위한 정책이란 바로 물가를 적정한 수준으로 맞춘다는 것을 말하는 것이라 생각합니다. 중증장애인 시설처럼 국민이 낸 세금을 국가로부터 받아서 운영하는 곳은 예산을 잘 사용해야 다음 해 운영비를 받을 3월까지 별 탈이 없을 것입니다. 그런데 물가가 예상보다 오른다면 이 시설들은 추운 겨울을 보낼 자금이 없어 매우 위험한 상황을 맞게 될지도 모릅니다.

이 학생은 자원봉사를 통해 몸이 불편한 분들의 처지를 이해하게 됐고 그분들을 위해 자신이 할 수 있는 일을 생각하며 서민을 위한 금융정책을 꿈꾸게 되었다고 합니다. 그런 꿈을 가지게 되는 과정에서 이 학생은 자신의 꿈과 달리 현실은 그러지 못함을 알게 되었고 그것에 대해서 분노하지 않았을까 싶습니다.

수능 만점이 꼭 행복하다고 할 수도 없고 우리 아이들이 수능 만점을 위해 사는 것도 아니지만 제가 생각하는 수능 만점 전략은 학습에서 시작하는 것이 아니고 분노에서부터 시작합니다. 이 학생에 대해서 제가 아는 거라곤 인터넷을 통해 얻은 정보들이 전부입니다. 이 학생을 만난 적도 없으니 제가 유추한 내용에 부족한 부분이 있겠지만, 집중력이 좋아서 공부를 잘한 것이 아니라 구체적인 꿈이 있었기에 그 꿈을 실현하기 위한 나름의 방법을 찾으니 집중력이 좋아졌고 더불어 좋은 결과까지 나온 것이 맞습니다.

하지만 수능을 보기 전에 모든 학생들이 이러한 경험을 할 수는 없습니다. 누구는 결혼하고 나서 자신의 분노나 꿈을 찾을 수도 있고 누구는 지금까지도 찾지 못할 수도 있습니다. 수능 만점을 받은 모든 학생이 위 학생과 같은 이유로 만점을 받은 건 아니겠지만 저는 엄마, 아빠를 비롯해 우리 아이들이 충분히 분노할 수 있기를 바랍니다.

앞서 이야기한 것처럼 분노는 해결 방법을 찾거나 해결했을 때

가라앉고 생각할수록, 분노를 표현할수록 커질 것입니다. 입시를 앞둔 아이들의 분노는 무엇일까요? 꼭 분노의 방법을 쓰지 않더라도 자신의 꿈을 위해 진로를 계획하고 학습하면 충분히 좋은 결과를 낼 수 있을 것입니다. 어떠한 이유더라도 분명한 것은 집중력이 좋아서 시험을 잘 보고 좋은 꿈을 가지는 것이 아니라 학습할 이유, 집중할 이유를 찾았기에 흔들리더라도 묵묵히 자신의 길을 갈 수 있었던 것은 아닐까요?

우리 아이들이 충분히 분노할 수 있기를 바랍니다.

05
· · · · · · · · ·

돈을 많이 버는 직업, 좋아하는 직업, 하고 싶은 직업

1960년에 스롤리의 블로토닉 연구소에서 아이비리그 졸업생 1,500명을 대상으로 한 가지 재미있는 실험을 했습니다. 그 실험은 졸업생들의 직업 선택의 동기에 따라 20년 뒤에 성공 여부를 평가하는 실험이었습니다. 1,500명 중 1,245명(83%)은 돈에 동기부여가 되어 직업을 선택했고 255명(17%)만이 돈보다는 하고 싶은 일을 직업으로 선택했습니다.

그로부터 20년이 지나고 1,500명 중 백만장자가 된 사람이 101명이 나왔는데 놀라운 것은 101명 중 100명이 하고 싶은 일을 직업으로 선택한 사람이었다는 것입니다. 물론 백만장자가 행복하기 위한 필수 조건은 아니지만, 설문 결과는 많은 의미를 가져다줍니다. 좋아하는 일, 하고 싶은 일을 할 수 있다는 것은 분명 행복일 것입니다.

아래는 경남 거창고 이야기입니다.

직업의 사회적 가치를 중시하는 진로선택: 거창고 직업선택 십계명

하나, 월급이 적은 쪽을 택하라.

둘, 내가 원하는 곳이 아니라 나를 필요로 하는 곳을 택하라.

셋, 승진의 기회가 거의 없는 곳을 택하라.

넷, 모든 것이 갖추어진 곳을 피하고 처음부터 시작해야 하는 황무지를 택하라.

다섯, 앞다투어 모여드는 곳은 절대 가지 마라. 아무도 가지 않는 곳으로 가라.

여섯, 장래성이 전혀 없다고 생각되는 곳으로 가라.

일곱, 사회적 존경 같은 건 바라볼 수 없는 곳으로 가라.

여덟, 한가운데가 아니라 가장자리로 가라.

아홉, 부모나 아내나 약혼자가 결사반대를 하는 곳이면 틀림없다. 의심치 말고 가라.

열, 왕관이 아니라 단두대가 기다리고 있는 곳으로 가라.

엄마, 아빠만
사교육 하면 된다

사회적 가치를 추구하라는 학교의 가르침에 대한 거창고 학생들의 화답: 졸업생들의 답사

거고인 건축가가 세운 다리는 무너지지 않고

거고인 농부가 키운 작물은 안심하고 먹을 수 있으며

거고인 의사는 삶의 목숨을 그 무엇보다 소중히 여긴다.

거고인 판사가 내린 판결은 믿을 수 있고

거고인 직공이 만든 옷은 단추가 잘 떨어지지 않으며

거고인 선생님에게는 안심하고 자녀를 맡길 수 있다.

거고인 관리는 뇌물을 받지 않고

거고인 기자는 거짓을 전하지 않으며

거고인 역사가는 그 무엇보다 진실을 목말라 한다.

그래서 세상은 거고를 빛이요 소금이라고 한다.

멋지지 않나요? 거창고 학생들도 현실적이지 않다고 생각하는 경우가 많아 처음에는 마음에 담지 않는 편인데 막상 대학에 진학할 때와 직업을 선택할 때 등 결정적인 순간마다 이것이 마음속에 무겁게 자리를 잡고 영향을 준다고 하네요. 자신의 인생에서 최소한 한번은 '내가 세상의 빛이고 소금 같은 존재일 수 있을까?'라는 질문을 스스로에게 할 수 있다는 것도 행복이지 않을까 싶습니다. 저는 진정 성공을 바라고 성공하기 위한 선택을 하기 바랍니다.

2016년 고등학생들이 정년이 보장되는 공무원을 가장 희망하는 직업으로 뽑았고 두 번째로 건물주, 임대사업자를 이야기했다는 소식도 있지만, 성공적인 삶을 생각하고 자신의 적성을 이해하고 분노할 줄 알며 개인이 아닌 사회인으로서의 직업을 생각할 수 있었으면 합니다. 돈이 아닌 하고 싶고 좋아하는 일을 자신의 직업으로 생각하고 선택할 수 있도록 엄마, 아빠가 무엇을 할 수 있을까요? 우리는 무엇을 해야 할까요? 앞으로 우리 아이들은 어떤 삶을 살아야 하고 지금 자신에게 중요한 것이 무엇일까요?

엄마, 아빠만
사교육 하면 된다

06

·········

진로 찾기 인터뷰 여행

이번 이야기는 사춘기가 지난 아이들에게 추천하는 진로 찾기 인터뷰 여행입니다. (사춘기를 빨리 끝내는 주문 글을 읽지 않은 분은 먼저 읽으시길 바랍니다.) 진로 찾기 인터뷰 여행은 휴식을 목적으로 하는 여행이 아닙니다. 사춘기가 지난 아이가 자신의 미래 직업과 취미를 비롯한 전반적인 삶을 그리는 여행이 될 것입니다. 그럼 진로 찾기 인터뷰 여행을 지금 떠나보겠습니다!

한 달에 영어 또는 수학 사교육비로 얼마를 쓰고 계신가요? 전국 평균 30만 원이라고 가정하고 이야기해 보겠습니다. 불필요한 사교육비를 줄이고 적성도 찾으며 세상을 제대로 배워 봅시다. 30만 원으로 매주 토요일마다 한 달에 4번 또는 5번 여행을 간다면 여행 한 번에 평균 6만 원에서 7만 5천 원의 비용이 나오네요. (꼭 비용이 발생하는 여행을 목적으로 하는 것이 아닙니다. 예를 들은 건 불필요한 사교육비를 줄여서 의미 있는 여행을 했을 때 비용을 비교하기 위함입니다. 비용이 거의 들지 않는 여행도 얼마든지 가능합니다.) 자신의 적성이나 좋아하는 직업이어도 되고 하고 싶은 일이나 호기심을 가지고 있던 분야도 상관없습니다. 중요한 건 일반적인 여행을 하는 것이 아니라 그 일을 하고 있는 사람을 만나는 여행이 되어야 하고 그냥 사람을 만나는 것이 아니라 만나서 이야기 좀 하고 오는 것입니다.

갑자기 낯선 사람이 찾아와서 이야기 좀 하자고 하면 당신은

언제든지 환영한다고 말할 수 있나요? 경계하는 건 기본이고 운이 좋으면 모를까 사전 준비 없이 그냥 만나러 가면 실패할 것입니다. 그나마 얼굴이라도 본다면 그것으로 만족해야 할 것 같습니다. 그렇기에 그냥 만나러 가면 안 되고 미리 그 사람과 연락해서 인터뷰 시간과 장소 등을 정해야 합니다. 전문 용어로 '인터뷰 섭외'하는 거죠. 전화나 전자 우편도 상관없고 아는 지인을 통해도 됩니다. 모르는 사람에게 연락하고 만나자고 약속하는 것부터 대단한 경험입니다.

사춘기가 지난 아이가 하는 것이지만 이것을 어른보고 하라고 해도 쉬운 일은 아니겠죠? 나도 안 해봤는데 아이에게 매주 여행을 보내 주려고 하니 기분이 이상하다고요? 우리 아이들이 엄마, 아빠보다 더 값진 경험을 일찍 하는 것에 배 아픈 건 아니시죠? 아이들이 하겠다는 걸 맘껏 응원하고 좋은 실패의 과정이 될 수 있도록 기회를 살리는 부모가 아이의 사춘기를 빨리 끝내게 한다고 앞에서 이미 말씀드렸다는 것을 기억해 주세요.

평소에 만나고 싶은 사람을 만나는 것도 좋지만, 처음부터 완벽한 인터뷰 여행이 되지 않을 것이기에 집에서 먼 곳보다 가까운 동네부터 시작하기를 바랍니다. 아이가 평소 음식에 관심이 많았다면 자주 갔던 음식점의 사장님 또는 요리사부터 시작하면 되겠네요. 무엇을 질문해야 할까요?

왜 음식점을 하게 되었는지, 어떤 것을 배웠고 시기별로 어떤 경험을 했는지, 무엇이 가장 힘들었는지, 현재 만족하는지, 앞으로 계획은 무엇인지, 학생인 나에게 해주고 싶은 이야기는 없는지, 기본 수입과 요리비법, 자식들과의 관계 등 평소 궁금했던 것을 질문으로 잘 정리해서 가면 좋겠습니다. (질문을 미리 만날 사람에게 보내는 것보다 얼굴을 보면서, 정말 인터뷰처럼 이야기 나누는 것이 좋습니다.) 처음에는 동네지만 조금씩 먼 곳으로 확장하고 교통편도 스스로 알아서 정하고 하루 세끼도 다양한 방법으로 해결하다 보면 점점 제대로 된 여행이 되지 않을까 합니다.

어느 정도 익숙해지면 토요일에 아침을 먹지 않고 집을 나서, 삼시 세끼를 밖에서 해결하고 인터뷰까지 마치고 밤에 집에 들어올 수도 있겠죠. 어떤 날은 비용이 거의 들지 않는 여행을 통해 비용을 아끼고 그것을 모아 어떤 날은 먼 곳으로 1박 2일의 여행을 하게 될 수도 있겠지요. 가능하면 혼자 갔다 오는 여행이 되어 고독과 자유를 맘껏 느낄 수 있기를 바라지만, 가족과 친구 등 함께 떠나는 '진로 찾기 인터뷰 여행'도 나쁘지 않습니다.

여행을 준비하는 과정, 여행 당일 여러 모습, 여행 후 뒷이야기까지 틈나는 대로 현장감 있게 SNS에 올리는 것을 추천합니다. 스마트폰이 없다면 틈틈이 컴퓨터 등 다른 방법으로 개인 블로그나 페이스북, 카카오스토리 등 사람들과 소통할 수 있는 공개된 공간에 자신의 '진로 찾기 인터뷰 여행' 이야기를 실어 주세요. 단순한 공개를 넘어 정보 공유뿐 아니라 사람들과의 무언의 약속과 응원을 받는 경험을 하게 될 것입니다. 6개월 또는 1년 후 그동안 여행의 흔적을 정리해서 특별한 작품을 만들 수도 있습니다.

정말 매주 토요일마다 여행을 간다면 매일 매일 어떻게 지낼까요? 입시를 1년 앞둔 수험생이 매주 토요일마다 보충수업과 자습 등을 빠지면서 갈 수 있을까요? 여행은 준비하는 과정과 다녀온 후의 감흥을 비롯해 여러 가지 정리 시간이 필요하므로 일주일에 한 번 토요일마다 여행을 간다면 여행을 준비하면서 며칠의 시간을 보내고, 다녀온 후 휴식과 정리의 시간을 보내면 일주일은 여행으로 온전히 채워지지 않을까 합니다.

준비는 다음 여행의 주제를 정하고 만날 사람을 정한 후 바로 섭외에 들어가는 것이며 구체적인 일정과 교통편을 파악하고 인터뷰 내용을 정리 하는 것입니다. 여행 후에 SNS에 글을 올리고 사람들과 소통하는 것은 휴식이 될 것입니다.

내가 정말 관심 있었고 사회에 나가서 하고 싶었던 직업을 가진 사람을 먼저 만나 보면서 꿈을 더 키울 수도 있지만 꿈과 현실의 차이점을 발견하고 다른 꿈을 키울 수 있습니다. 또한, 꿈이 바뀌는 것을 두려워하기보다 정말 하고 싶은 일을 찾는다면 꿈도 바뀔 수 있다는 것을 여행을 통해 배운다면 좋겠네요. 준비하는 과정과 여행 속에서 다양한 사람을 만나고 보게 될 것이고, 돈을 어떻게 써야 하고 그 돈의 흐름과 다양한 경제 모습을 생생하게 지켜보며 경험하게 됩니다. 같은 직업이지만 누구는 행복해 보일 것이고, 예전에는 관심 없었는데 열정적으로 살아가는 사람들의 모습을 보며 관심을 가질 수도 있습니다.

세상을 이해하려면 세상을 보는 다양한 배경지식이 필요함을 알게 되기 때문에 많은 글과 정보의 필요성을 알게 되고 실제로 습득하게 되겠지요. 대학 진학을 생각한다면 여행의 경험을 바탕으로 필요한 학업에 대한 구체적인 계획할 수 있고, 대학 진학보다 취업 등 사회에 먼저 뛰어드는 것이 목표라면 인터뷰 여행을 통해 찾은 하고 싶은 일을 바로 경험하게 될 것입니다.

사춘기가 지난 아이는 여러모로 어른 대접 받을 만합니다. 아니 어른 대접 받아야 합니다. 사춘기가 지났다는 것은 부모로부터 정신적인 독립을 시작한 것인데 그 다음은 경제적인 독립입니다. 당장 돈벌이가 직업일 수 없지만, 기회가 있을 때마다 용돈부터 독립할 기회가 있기를 바랍니다. 자신이 정말 하고 싶은 일을 찾거나 현재는 없지만, 미래에는 생길 그 꿈을 상상하는 사춘기 지난 우리 아이들에게 '진로 찾기 인터뷰 여행'이 괜찮은 도전이 되기를 바랍니다.

매주 여행을 떠나지 않아도 됩니다. 하지만 항상 여행을 준비하고 준비가 끝나면 언제든 돌아오는 토요일에 여행을 떠나요, 인터뷰 여행을!

6

행복한 감정 코치형 부모가 되자

01
· · · · · · · · · ·

자존감 높은 아이로 키우자

자존감이란 자아존중감으로 남과 구분되는 나 자신을 믿는 마음입니다. 나는 소중한 존재이고 이루고자 하는 것을 이룰 수 있는 능력이 있음을 스스로 인정하는 마음이기에 자존감이 높을수록 다른 사람 앞에서의 모습과 혼자 있을 때의 모습은 큰 차이가 없지만, 자존감이 낮을수록 이중적인 모습에 이질감이 크고 다른 사람 앞에서 제대로 자신을 드러내지 못한다고 합니다.

우리 아이들의 자존감을 높여주는 말은 무엇이고 반대로 아이의 자존감을 낮추는 말은 무엇일까요?

엄마, 아빠만
사교육 하면 된다

밝기	상태	자주 사용하는 언어	감정상태
540	기쁨 환희	세상은 정말 아름답단다. / 이 세상 모든 것은 기적이야.	고요함
500	사랑	지금의 네 행동은 좋아하지 않지만, 어떠한 행동을 해도 너를 여전히 사랑하고 있어. / 너를 사랑하는 것이 엄마에게는 큰 기쁨이란다.	존경
350	포용	그 애에게 너는 큰 힘이 되어 줄 수 있을 거야. / 너는 정말 아름다운 보석이야. / 나는 네 판단을 믿는다.	용서

의식의 수치
출처:의식혁명-미국 데이비드 호킨스 박사

밝기	상태	자주 사용하는 언어	감정상태
310	자발성	너는 -을 잘하지. / 가족을 위해 그것을 해 주겠니? / 너는 좋은 방법으로 그 문제를 해결 했구나?	낙관
250	중용	넌 최선을 다했어. 그러면 된거야. / 만약 네가 누구누구라면 어떻게 하겠니?	신뢰
200	용기	나는 네가 자랑스럽다. / 네가 그렇게 하는 모습이 정말 멋있구나.	긍정

위의 예는 모두 아이의 자존감을 높이는 말입니다. 배려가 바탕이 되었고 아이를 믿는 긍정적인 말입니다.

밝기	상태	자주 사용하는 언어	감정상태
175	자만심	너는 최고야 / 항상 너는 남보다 우위에 있어야 가치가 있다.	경멸
150	분노	비평을 일삼는 부모	미움
125	욕망	그건 절대로 안돼. / 세상은 힘있는 사람이 최고야	갈망
100	두려움	공포심으로 아이들을 제어하려는 부모	근심

의식의 수치
출처:의식혁명-미국 데이비드 호킨스 박사

밝기	상태	자주 사용하는 언어	감정상태
75	슬픔	그런 녀석은 내 자식이 아니야. / 나는 정말 자식 복도 없다.	후회
50	무기력	네가 약속을 지키지 않아 실망했어 / 어디 두고 보자. 자업 자득이다	절망
30	죄의식	너는 정말 못해. / 너가 엄마한테 그럴 수 있니?	비난
20	수치심	너는 제대로 하는게 뭐 있니? / 내가 너 그럴 줄 알았다. / 넌 언제나 그 모양이야!	굴욕

우리는 수치심과 비난 그리고 미움의 감정으로 하는 말을 생각보다 쉽게 사용하고 있습니다. 놀라운 것은 '너는 최고야.'같은 말도 자존감을 떨어뜨릴 수 있다는 것입니다. 아이를 있는 그대로 봐야 하는데 완벽한 존재나 그 누구도 인정하지 않는 존재로 이야기하는 것은 부정적인 결과를 가져오게 됩니다.

02

············

감정 코치형 부모가 되자

    감정 코치형 부모가 되기 위해서는 우선 전문적인 책과 정보를 많이 찾아 보는 것을 권합니다. 이 책을 통해 무언가의 변화를 당장 원하신다면 감정 코치를 시도하라고 말하고 싶습니다. 또한, 다른 복잡한 문제도 감정 코치적 관점에서 풀어나가면 생각보다 쉽게 답을 찾을 수 있을 것입니다. 감정 코치형 부모의 경우 다음과 같이 생각한다고 합니다.

    ① 아이가 슬퍼하거나 화를 낼 때, 분노할 때야말로 아이와
       의 문제를 해결할 수 있는 좋은 기회다.
    ② 아이가 슬퍼하거나 화를 낼 때, 분노할 때가 바로 아이와
       가까워질 기회다.

③ 나는 아이가 슬퍼하거나 화를 낼 때, 분노할 때 아이를
그렇게 만든 것이 과연 무엇인지 찾아내도록 도와준다.

④ 나는 우리 아이가 슬픔, 화, 분노를 경험해 보기를 원한다.

    감정 코치를 하는 방법을 안내하기 앞서 감정 코치는 어떤 상황을 통제하기 위한 것임을 말씀드립니다. 그래서 매번 감정 코치를 하는 것이 아니라 상황을 인식하고 이번 기회를 통해 목적을 이루겠다는 마음을 먹고 충분히 시도 할 수 있는 상황이라고 판단될 때만 하라고 말씀드립니다. (편의상 아이라고 호칭하지만 엄마, 아빠 또는 다른 어른이라고 생각해도 됩니다. 상대방이 누구든지 감정 코치는 효과적입니다.)

감정 코치 1단계는 감정을 확인하는 단계입니다. 아이의 감정이 슬픔, 화, 분노 등 어떤 상태인지 확인하고 감정 코치를 할지 평소처럼 대할지 결정하는 단계입니다. 2단계는 아이의 감정이 타당함을 인정하고 경청하는 단계입니다. 그런 감정이 생기는 것은 괜찮은 것이니 지금 어떤 상태인지 말로 표현하고 싶어하면 표현하게 하고 들어줍니다. 3단계는 아이에게 엄마, 아빠가 너의 감정을 알고 있고 공감하고 있음을 전달하는 단계입니다. '○○아 지금 많이 슬프지? 엄마, 아빠도 예전에 그런 적이 있었어. 많이 힘들겠구나.' 처럼 아이의 감정 상태에 공감해주면 됩니다. 4단계는 아이가 스스로 문제를 해결하도록 이끌면서 행동에 한계를 정해 주는 단계입니다. 옆집 아이가 잘못한 일로 싸웠는데 도리어 우리 아이가 더 많이 맞았을 때 '받은 만큼 돌려주자.'라는 것이 문제 해결 방법일 수는 없을 것입니다. 3단계까지 잘 해냈다면 아이는 자신의 의견에 엄마, 아빠가 조금은 다른 의견을 말한다고 하더라도 크게 반대하지는 않을 것입니다.

우리는 상대방이 변화하기를 바라면서 충고를 하지만 대부분의 충고는 감정이 나빠지는 효과를 낼 뿐 충고의 목적을 달성하기 힘듭니다. 진정 변화를 바라고 그 바람처럼 되기를 위해 노력하고 싶다면 충고 전에 해야 할 것이 바로 감정 코치입니다. 상대방

엄마, 아빠만
사교육 하면 된다

의 상태를 이해하려 노력하고 이야기를 들어준다면 상대방은 내가 조금은 듣기 싫은 이야기를 하더라도 경청하고 자신이 변해야 하는 부분이 있다면 노력하려고 할 것입니다.

아이뿐만 아이라 부부관계에서도 감정 코치는 매우 놀라운 결과를 가져오지만, 생각보다 쉽지 않기 때문에 처음부터 욕심을 내기보다는 단계별로 반복하기를 권합니다. 내 이야기는 하지 않은 채로 들어주는 단계까지만 가는 것을 반복하더라도 변화가 있을 것입니다.

03

....

아이가 생각하는 가장 행복한 어른 찾기

이 질문은 많은 부작용을 동반할 수 있습니다. 질문에 앞서 질문하는 엄마, 아빠의 에너지를 충분히 높이시기 바랍니다. 에너지가 충분하고 아이가 어떤 대답을 해도 충격을 받지 않을 수 있다고 생각한다면 아이에게 "○○아 네가 알고 있는 어른 중에서 가장 행복한 어른은 누구니?"라고 물어보세요. 아이가 너무 어리거나 행복한 어른에 대한 정의가 나름대로 갖춰져 있지 않다면 답하기 곤란하겠죠? 일반적으로 만 7세 이후의 아이들에게 물어보는 것을 권합니다.

삼촌, 이모 등 친척부터 선생님, 친구 아빠 등 다양한 사람들이 나올 수 있겠지만, 우리가 원하는 대답은 역시 '아빠, 엄마'가 맞습니다. 아이들에게 받는 큰 선물 중 하나가 '나도 엄마, 아빠처럼 행복한 어른이 되고 싶어, 그렇게 살고 싶어.'가 아닐까 합니다. 그런데 아이의 입에서 엄마, 아빠라는 대답이 나올 생각이 없다면 여간 곤란한 게 아니겠지요? 그래도 엄마, 아빠는 행복한 어른이 아니냐고 물어봐야 합니다. 엄마, 아빠는 행복해 보이지 않는지 잔잔한 어조로 물어보고 그 이유까지 들을 수 있다면 좋겠습니다.

　사실 이 질문은 아이 행복의 기준과 이유 등을 알기 위한 것입니다. 현재 아이가 어떤 기준으로 세상을 바라보고 있고 자신의 행복을 위해서 중요한 잣대를 무엇으로 삼고 있는지 아는 것은 매우 중요하겠지요. 마찬가지로 아이가 슬퍼하는 이유, 불행의 조건(환경) 등을 확인할 수도 있습니다. 엄마, 아빠 사이가 좋지 않거나 싸울 때의 이유가 아이들의 행복 또는 불행의 조건이 된다는 것이 현실입니다.

대부분의 아이들은 엄마, 아빠의 행복 또는 불행의 기준을 바탕으로 자신의 행복을 평가하고 있습니다. 경제적으로 힘들지만, 부모가 서로 존중하면서 사랑하는 가정과 경제적으로 여유가 있지만 서로 관심이 없고 아이들 앞에서 따뜻한 모습을 보이지 못하는 부부의 모습을 보고 자라는 경우를 상상해 본다면 어떻게 해야 아이가 행복할지 알 수 있을 겁니다.

2014년 한국방정환재단의 조사에 의하면 초·중·고생들은 좋아하는 일을 실컷 할 수 있을 때 공통적으로 행복을 느낀다고 합니다. 평소 행복하지 않다고 느낄 때는 '성적 압박이 심할 때'와 '학습 부담이 너무 클 때'로 나타났고 초등학생들의 경우 '부모와 관계가 좋지 않을 때' 행복하지 않다고 느낀다는 비율이 학습부담이나 성적 압박 등과 함께 높게 나타났습니다.

행복을 위해 가장 필요한 것으로 초·중·고생은 '화목한 가정'을 고등학생은 '돈'을 가장 많이 꼽았다고 합니다. 우리 부모님들이 아이들에게 '좋아하는 일을 실컷 하는' 모습을 얼마나 보여주고 있을까요? '아이가 생각하는 가장 행복한 어른 찾기' 질문을 통해 아이로부터 엄마, 아빠가 세상에서 가장 행복해 보이고 나도 엄마, 아빠처럼 살고 싶다는 말을 들었다면 더 바랄 것이 없을 것입니다. 그렇지 못했다면 무엇보다 엄마, 아빠가 스스로 행복한 사람이 되기 위해 무엇을 해야 할지 생각해보는 시간을 가지시길 바랍니다.

04

·········

삶의 전환점에서 매 순간 행복해지기 위한 5가지 질문

우리의 삶의 전환점은 언제일까요? 다른 사람들이 뭐라고 하더라도 내가 선언하는 순간부터가 삶의 전환점이 될 수 있을까요? 다른 사람들이 그때부터 변했던 것 같다는 말을 해줄 때 비로소 그때가 삶의 전환점 이었다고 말할 수 있지 않을까요?

이번에 하는 이야기는 그동안 직시하지 못했던 것을 생각하고 판단하게 할지도 모릅니다. 아니 그렇게 되는 계기가 되기를 바라고 글을 써봅니다. 5가지 질문에 하나씩 답해 보세요.

엄마, 아빠만
사교육 하면 된다

첫 번째 질문: 과거 가장 행복했을 때가 언제?

기억을 더듬어 보는 시간입니다. 가장 행복했을 때가 바로 떠오르시나요? 어떤 장면인가요? 누구는 사진일 수도 있고 누구는 동영상일 수도 있겠네요. 가장 행복한 순간, 그 이유가 무엇이었을까요? 사랑하는 사람을 만나고 사랑을 고백할 때였나요? 어려운 도전을 성취했을 때인가요? 중요한 건 상황이 아니라 내가 행복이라고 생각한 이유를 정리해보세요.

두 번째 질문: 오늘 아침부터 지금까지 가장 하고 싶은 것은?

오늘입니다. 오늘 꼭 하고 싶은 것을 하셨나요? 매일 아침에 일어나 꼭 하고 싶은 것이 하나쯤은 있어야 하지 않을까요? 오늘 정말 하고 싶었던 것 그것을 생각하시면 됩니다.

세 번째 질문: 직업을 선택한 이유?

사회에 나와서 어떤 직업을 선택하셨나요? 그 직업을 선택한 이유가 무엇인지 생각해 보세요. 직장 없이 전업주부를 선택했다면 그 이유 역시 생각해 보시면 됩니다.

네 번째 질문: 꿈은 무엇인가?

직업적 꿈 말고 어떤 사람이 되겠다거나 어떤 삶을 살겠다
와 같은 목표가 있는 꿈이 무엇인지 생각하시면 됩니다.

다섯 번째 질문: 한 달 동안 무엇을 하고 싶은가?

앞으로 일주일 뒤입니다. 일주일 동안 준비한 후 한 달 동안
하고 싶은 것을 생각해보세요. 인간의 능력으로 지원할 수
있는 모든 것을 지원할 것이고 완전한 자유가 주어질 것입
니다. 무엇을 하고 싶으세요?

그럼 지금부터 다섯 가지 질문을 왜 했는지 이야기해 보겠습니
다. 질문이 다섯 가지이니 답도 5가지가 나오나요? 누구는 그러겠
지만, 누구는 그렇지 않을 수도 있습니다. 다섯 가지 질문 중 답
이 비슷한 것이 나올 수도 있고 심지어 모든 질문의 답이 하나일
수도 있습니다.

첫 번째 질문: 과거 가장 행복했을 때가 언제?
두 번째 질문: 오늘 아침부터 지금까지 가장 하고 싶은 것은?

세 번째 질문: 직업을 선택한 이유?

네 번째 질문: 꿈은 무엇인가?'

다섯 번째 질문: 한 달 동안 무엇을 하고 싶은가?

다섯 가지 질문에 대한 당신은 답은 몇 가지입니까?

우리가 매일 살아가는 이유는 당연히 행복하기 위해서입니다. 하지만 사람마다 행복의 기준, 정의가 다르기에 서로 사랑하는 사이라도 모든 것에 함께 행복할 수는 없지요. 그런데 중요한 건 '자신의 행복을 언제 어떻게 정의했느냐'입니다. 나의 행복의 그 기준이 경험에서 나온 것인지 아니면 학습이나 누군가의 이야기를 바탕으로 만들어졌는지 물어보고 싶습니다. 사랑하는 그 사람은 어떨까요? 우리 아이가 생각하는 행복의 정의는 경험일까요, 추상적인 걸까요? 매일 행복하기 위해서 행복의 정의를 어떻게 내려야 할까 생각해 봤으면 합니다.

그럼 첫 번째 질문인 과거에 가장 행복 했을 때가 언제였는지에 대한 질문으로 돌아가 봅니다. '가장 행복했을 때'입니다. 그 행복 했던 순간의 이유를 말해줄 수 있나요? 그 행복의 이유가 앞에서 생각한 '나의 행복이란?' 질문의 답과 일치하나요? 경험을 바탕으로 행복의 이유를 가지고 있는 사람과 경험보다는 이론적으로 만들어진 행복의 기준을 가지고 있는 사람은 어떻게 다를까요? 누가 더 행복한 사람이 되기 쉬울까요? 그럼 과거 가장 행복했던 그 순간을 매일 반복할 수 있다면 어떠세요? 좋은 거 아닌가요?

두 번째 질문인 오늘 아침부터 지금까지 가장 하고 싶은 것이 과거 가장 행복했던 그 순간과 비슷하면 좋겠죠? 난 매일 그렇게 살고 있을까요 아니면 그렇게 살기 위해 노력하고는 있을까요? 매일 과거에 가장 행복했던 그 순간을 반복할 수 있다면 좋겠지요. 내가 직업을 선택한 이유가 매일 행복하기 위해서고 그러기 위해 좋아하면서 동시에 하고 싶은 일이 내 직업에 녹아 있다면 어떨까요? 행복한 사람일 수밖에 없을 거 같습니다.

그런데 과거 가장 행복했던 그 순간보다 우리는 더 행복할 수 있다는 것을 알고 그것을 꿈이라 이야기하는 사람들이 많습니다. 지금도 행복하지만, 더 큰 행복을 위해 살아가는 것이 우리가 아닐까요? 나도 중요하지만 내가 사랑하는 사람들의 행복도 중요하겠고 그러기 위해 그들 각자 어떤 기준을 가지고 매일 어떻게 살아가는지가 매우 중요한 것 같습니다.

마지막 다섯 번째 질문은 그 꿈을 한 달 동안 미리 경험해 보는 것입니다. 그런데 상당수의 사람들은 마지막 질문의 답으로 '여행'을 선택했습니다. 그것도 혼자만의 여행을 말이죠. 모든 것을 지원해주는 조건이기 때문에 사랑하는 사람들 모두와 함께 여행갈수도 있지만 그렇지 않고 군이 혼자만의 여행을 그렸다면 그분은 아마도 뭔가 중요한 결정을 혼자 해야 하는 때가 왔거나 그동안 희생을 너무 많이 해서 따로 충전이 필요한 것이 않을까 싶습니다. 한 달 동안입니다. 과거에 행복했던 것을 바탕으로 매일 행복하게 한 달 동안 살아보는 것입니다. 그 한 달 동안의 경험을 바탕으로 꿈이 바뀔 수도 있고 더 큰 꿈을 꿀 수도 있을 것입니다.

다섯 가지 질문에 대한 답이 한 개일 필요는 없지만, 다섯 가지라면 생각할 시간을 드리고 싶네요. 요즘 아이들에게 꿈을 물어봤더니 1위가 공무원이고 2위가 건물 임대 사업자라고 합니다. 아이들은 어른들의 모습에서 답을 찾아야 하는데 우리의 모습이 그런 모습인 것 같아 부끄럽습니다.

가장 행복했을 때가 언제냐는 질문에 돈을 많이 벌었을 때라고 대답하신 분의 하루 일정을 물어보니 돈을 열심히 버는 것이라 했습니다. 혹시나 하고 직업을 선택한 이유를 물어보니 돈을 많이 벌 것 같은 직업을 선택했다고 하고 미래 꿈은 정말 많은 돈을 버는 것이라 했습니다. 마지막으로 한 달 동안 무엇을 할 것이냐고 하니 한 달 뒤에 쓸 많은 돈을 버는 것이라 했다는 이야기가 우습게 들리지만은 않네요.

우리 아이들이 엄마, 아빠의 행복을 무엇이라 이야기하는지 들어주고 엄마, 아빠의 꿈이 무엇인지 말해 주세요. 아이들이 가장 행복했던 순간이 엄마, 아빠와 함께한 시간이라는 이야기가 들어가고 그 대답이 나이가 들어도 오래가기를 바랍니다. 행복의 기준은 고정적이지 않다고 생각합니다. 더 큰 행복을 찾을 수 있고 그것을 꿈이라 말할 수 있습니다. 오늘 당장 이루지는 못하지만 이루기 위해 노력할 수 있는 엄마, 아빠를 꿈꿔 봅니다.

엄마, 아빠만
사교육 하면 된다

7

글을 마치며

01
·········

끝내 하지 말라는 이야기 아닌가요?

우리가 진정 두려운 것은 불확실한 미래가 아닐 수 있습니다. 그보다는 어떤 상황에 처했을 때 '그것을 해결하지 못하면 어떡하지?'라는 걱정이 진정한 두려움일 수 있지요.

이 책을 통해 말하고 싶었던 것은 우리가 걱정하고 있던 것들은 대부분 그렇게 심각하지 않은 것일 수 있고 우리가 불필요하게 고민하고 있는 사이에 우리 아이들뿐만 아니라 엄마, 아빠도 소중한 기회를 놓치고 있다는 것이지요. 아이뿐만 아니라 엄마, 아빠도 한번 지나가면 다시 돌아오지 않는 소중한 시간이 흘러가고 있습니다.

우리가 진정 원하는 것은 어떤 상황이 오더라도 아이를 믿고 소통하며 우리 상황에 맞는 최선의 선택을 하고 그 과정에서 다양한 경험을 통해 성장하며 그로 인해 우리 아이가 진정 스스로 해낼 수 있는 능력을 만들어 가는 것이라고 생각합니다.

어떤 기회를 어떻게 줘야 우리 아이가 가능하면 즐기면서 하루하루를 의미 있게 살아갈 수 있을까요? 이제는 이 질문의 대상을 아이가 아닌 엄마, 아빠로 돌려보면 어떨까요? 엄마, 아빠가 먼저 제대로 행복하게 살아가는 모습을 보여주는 것 이상 좋은 교육은 없습니다. 아이에게 아무리 좋은 것을 보여 주고 좋은 생각을 하게 하고 건강한 먹거리를 준다 해도 엄마, 아빠의 표정과 삶이 어둡다면 아이는 세상에서 자신의 능력을 맘껏 펼치기 힘들 것입니다.

그리고 엄마, 아빠의 부모님, 즉 우리(당신의) 부모님이 아직 살아계신가요? 그분들의 표정과 삶에서 우리 부모님의 그 무엇과도 바꿀 수 없는 행복을 공감할 수 있습니다.

아이들을 위해 무엇을 해야 하고 무엇을 안 해야 하는지의 문제는 이제 놓으시고 엄마, 아빠 자신을 위해서 무엇을 하고 싶은지 생각해보세요. 우리 아이들에게 '아는 어른 중에 가장 행복해 보이는 사람은 누구니?'라고 물었을 때 망설임 없이 엄마, 아빠라는 대답이 나왔으면 좋겠습니다. 엄마, 아빠가 진정으로 하고 싶은 일이 있다면 가족이 함께 그것을 할 수 있도록 노력하는 데 이 책이 도움되면 좋겠습니다.

엄마, 아빠만
사교육 하면 된다

❽

즉문즉답 Q&A

01

맞벌이 부부의 결론은
항상 그래도 학원을 보낼 수밖에 없다?

현장과 온라인상에서 받은 여러 가지 질문들로 Q&A를 만들어 봤습니다. 첫 번째 문제는 초등학교 5학년과 3학년 그리고 5살 세 아들의 엄마 이야기입니다.

아들들을 키우지만 '워킹맘'이고 애들 아빠 직업상 주말 부부였기에 아이들은 제가 퇴근하기 전까지 학원에 다니고 있습니다. 영어 학원과 수학학원 그리고 태권도(매일)와 한문학원(월, 수, 금) 그리고 역사논술(화, 목)을 하고 있지요. 한발 앞서 간다는 생각으로 영어와 수학 전문 학원을 1학년 때부터 지금까지 보내고 있습니다.

또한, 저는 직장에서 간부여서 일이 많아 늦는 날이 많습니다. 첫째와 둘째는 학교와 학원 숙제 때문에 11시가 넘어야 잠을 잡니다. 시간이 늦어지는 이유는 5살 막내가 형들 공부하는 것을 도와주지 않고 같이 놀아달라고 하기 때문입니다. 그래서 첫째와 둘째는 제가 퇴근할 때까지 막내와 같이 TV, 게임, 독서, 장난감 가지고 놀기 등을 합니다.

저는 아이들이 학원이라도 가야, 제가 챙겨주지 못한 부분을 조금이라도 채울 수 있을 것 같다는 생각을 하고 있습니다. 그리고 제가 영어와 수학 전문가가 아니기에 전공한 선생님이 전문화된 교수법으로 아이를 교육시킬 거라고 믿고 있습니다.

또한, 막둥이를 제가 돌봐야 하기에 막둥이 돌보는 사이에 학원 숙제 등을 하게 하고 있습니다. 그마저도 하지 않으면 아이들이 공부를 하지 않을 것 같기 때문이지요.

스스로 공부하는 아이들이 과연 얼마나 될까요? 우리 아이들도 스스로 공부하기보다는 주어진 숙제하는 데 시간을 다 보내는 것 같습니다. 직장을 그만두고 전업주부가 되어야 하는지 심각하게 고민한 적이 많지만 아직은 실천하지 않았습니다.

좋은 교육 강의와 책을 읽고 나서 학원 가기 싫다는 아이들의 말을 들어준 적이 있습니다. 그래서 3개월간 학원에 안 보낸 적이 있는데 아이들은 정말 공부는 안 하고 놀기만 하더군요. 처음엔 돈이 여유로워서 좋았는데 시간이 갈수록 불안해지고 걱정이 되었습니다. 준비 없이 학원을 너무 갑자기 그만뒀다는 것을 나중에야 알았습니다.

몇몇 분들에게 이야기하고 얘기를 들었을 때는 명쾌한 설명을 들어 좋았지만, 집에 와서 생각하면 결국 학원에 보내야 한다는 결론에 도달합니다. 우리 집은 예외가 아닐까요?

세 아들을 잘 키우고 싶은 욕심이 많지만 노력은 별로 안 하는 못난 엄마의 방황을 종지부 찍을 수 있는 답을 알려주세요. 맞벌이 부부, 특히 주말 부부인 우리 가정에서 아이를 잘 키우고 싶습니다. 시간이 별로 없는 저도 할 수 있는 실현 가능한 답을 기대하겠습니다. 욕심이 많나요? 그렇지만 그만큼 저는 절실합니다.

엄마, 아빠만
사교육 하면 된다

답변을 드리겠습니다. 비슷한 고민을 하고 있는 '워킹맘'이 많이 있지요. 저마다 나름의 방법과 최선을 다해 행복한 교육을 찾고 있지만, 현실은 쉽지 않습니다. 3개월간 학원에 보내지 않은 경험이 있다니 다행이면서도 우려가 됩니다. 일정 기간의 준비를 통해서 불필요한 사교육 중심으로 줄여 나갔어야 했는데, 환경이 너무 갑작스럽게 바뀌다 보니 아이와 부모 모두 작은 변화에도 불안하게 되지 않았나 싶습니다. 하지만 그 경험을 살려 한 번 더 사교육을 줄이기에 도전할 수 있도록 힘이 되어보겠습니다.

아이들이 12살, 10살, 5살이므로 옳고 그름을 판단할 수 있는 이성적인 나이는 첫째 아이만 해당됩니다. 둘째와 막내는 이성적인 판단을 하거나 무엇을 혼자서 끝까지 하는 것이 어려운 시기입니다. 흔히 혼자 알아서 한다고 할 수 있는 나이는 평균적으로 초등학교 4~5학년부터를 말합니다. 아이를 아이로 인정한다는 것은 스스로 알아서 해 주기를 바라는 마음은 먹지만 당장 그 결과가 만들어지지 않는다는 걸 알고 결과에 대해서는 책임을 강하게 묻지 않고 이해해 주는 것이라 생각합니다.

첫째 아이가 초등학교 5학년이 돼 수학이 어려워지고 학습에 대한 부담감이 커진다고 해도 학습보다 놀이를 통해 계획과 실천 그리고 책임이라는 자기주도성을 배우는 것이 바람직합니다. 노

는 것을 자기주도적으로 하지 못하는 아이가 학습을 자기주도적
으로 하기란 힘들다고 생각합니다.

그럼 지금부터 원하는 답을 여섯 가지로 하나하나 풀어보겠습
니다.

**하나, 학습과 돌봄, 학원을 보내는 목적의 비중을 정리해 봅
시다.**

5살 아이를 비롯해 초등학교 3, 5학년 아이들의 엄마인 데
다가 주말에만 남편을 볼 수 있고 중견 간부로 늦은 귀가가
많은 이 엄마는, 아이들을 학원을 보내는 목적이 학습보다
는 안전한 돌봄에 있지 않을까요? 부모가 집에 없는 장시간
동안 아이들을 봐 줄 곳이 필요해 학원에 보내는 것이라면
지역의 아동센터, 공동육아 모임, 사교육걱정없는세상 지역
등대 모임. 휴직 등 모든 가능성을 열어놓고 사람들을 만나
엄마를 대신해 아이들을 돌봐줄 환경은 없는지 그리고 방
법마다 장단점을 따져 보는 것이 좋겠습니다. 휴직이 답일
수도 있지만, 그보다는 충분히 고민하고 결정한 것을 지켜
나가는 것이 좋습니다.

둘, 학원 중심의 사교육에서 '불필요한 사교육'은 무엇인지, 혹시나 그만두고 미련이 남을 수도 있는 '필요하다고 생각하는 사교육'은 없는지 냉정하게 생각해 보세요.

학원을 당장 그만두는 것이 답일 수도 있지만, 불필요한 사교육을 중심으로 조금씩 줄이고 그 과정을 통해 아이의 자신감을 키울 것을 권합니다. 지금 왜 학원에 다니고 있는지 하나하나 이유를 정리해보면서 그만둘 구체적인 목표를 세운 뒤, 실제로 그 목표를 이룬 뒤 그만두게 한다면 아이는 그것으로 자신의 능력이 발전했음을 확인할 수 있습니다. (이때, 구체적인 목표는 성적보다는 학습 습관을 중심으로 세우는 것이 좋습니다. 학교와 학원 수업시간에 집중하는 정도가 좋아졌다거나, 스스로 오답을 정리할 수 있을 때, 성적은 그리 만족하지 못하지만, 자신감이 생겼을 때 등 실제로 학원을 그만두고 학교 교육에 중심을 두고 혼자서 공부할 때 필요한 능력을 중심으로 정합니다.)

셋, 사교육을 줄여서 생기는 시간에 대한 구체적인 계획을 세워 봅니다.

충전과 휴식 그리고 창조적인 생각 등을 위해서 아무것도 안

하고 멍하니 있는 시간이 어른, 아이 모두에게 필요합니다. 하지만 우린 그 시간을 만들기 꺼리고 어쩌면 그 시간 자체가 해롭거나 낭비라 생각하는 것 같습니다. 보통의 사교육은 차라리 시키지 않는 것이 좋은 경우가 많습니다. 아이 스스로 할 수 있는 기회를 뺏는다는 측면에서 보면 더욱 그렇지요.

그럼 잠깐 숨을 돌려 볼까요? 줄어든 사교육 시간에 효율적인 학습과 놀이계획 세우기를 말씀드리겠습니다. 공부, 놀이, 잠, 휴식, TV 시청 등의 계획보다 중간 난이도 수학 문제 10문제 풀기, 영어 원서 30쪽 이상 읽기, 게임 레벨 2단계 올리기, 거실 청소하기, ○○○에게 편지쓰기, 20분간 아무 생각 안 하기, 아빠에게 전화하기, 일요일 놀이 정하기 등 구체적인 계획을 세우는 것이 좋습니다. 가장 좋은 계획은 지킬 수 있는 계획입니다.

계획은 지키고자 세우지만, 지키지 못하더라도 그 과정을 통해 나를 둘러싼 사람들과의 관계에 대한 이해, 나의 장단점 등을 배울 수 있습니다. (어른도 세운 계획을 그대로 지킨다는 것은 너무 어렵지 않나요?) 서술형 다짐표를 만들었으면, 매일 실제로는 무엇을 하는지 실제 진행표도 만들어 비교해 보는 것도 좋습니다.

넷, 교육보다 우선해야 할 아이들과의 관계에 대한 근본적인 생각을 해 봅니다.

교육보다 우선해서 생각해야 할 것들이 있습니다. 모든 사람이 같은 생각을 하는 것은 아니지만, 교육보다 아이의 건강과 행복 그리고 가족 간의 관계가 우선이라 생각합니다. 남편이나 아이들 간의 관계! 서로의 관심을 지금보다 높이기 위한 노력을 한다면 사교육에 대한 고민은 생각지도 못한 곳에서 해결될 수 있다고 생각합니다.

다섯, 아이들의 교육에 있어 엄마의 역할이 아닌 부모의 역할을 고민하고 아빠의 참여를 위한 방법을 세워 봅니다.

아버지께서 주말마다 오시니 교육에서는 역할이 그리 커 보이지 않습니다. 하지만 몸은 멀어도 생각하고 노력하면 할 수 있는 방법은 얼마든지 있습니다. 아버지의 관심을 아이들이 느끼고 있느냐 그렇지 못하고 있느냐는 주말 부부, 주말 가족이라는 조건에서도 가능합니다.

남편분의 생각과 역할, 어머니와의 의견 차이 등에 대한 말씀은 없으셨기에 구체적으로 이야기하기는 힘들지만, 아이들 교육의 문제는 당연히 엄마, 아빠가 함께 생각하고 서로에게 힘이 되어야겠지요. 그리고 무엇보다 엄마, 아빠의 행복한 모습, 행복한 대화 모습을 아이들이 자주 볼 수 있도록 해 주세요. 아이들은 부모의 거울이 맞습니다.

여섯, 위 질문에 대한 생각을 아이들의 입장에서 새롭게 정리해 봅니다.

교육의 주체인 아이들의 의견은 언제나 존중받아야 하고 시작점이 되어야 합니다. 처음부터 큰 욕심을 먹기보다는 실천할 수 있는 것을 중심으로 하나, 둘 아이들과 소통을 통해 풀어나가면 과정을 통한 배움이 자연스레 원하는 결과를 가져오게 할 것입니다.

어머니의 아이들은 분명 아직 어립니다. 초등학교 시기는 평생 학습을 위한 기본적인 감각을 기르는 시기이지 복잡한 계산과 높은 암기력을 요구하는 시기가 아닙니다. 공부란 필요할 때 하는 것이고 즐거운 것이란 것을 알아야 하는데 우리 주변에서 이 말에 공감해 주고 실천하는 부모와 아이들을 만나기란 너무 힘듭니다.

바른 소통은 말하기가 아니라 듣기라 하지요. 상대방의 이야기를 진정으로 온 힘을 기울여 들어주는 것만으로도 그 사람은 나에게 감동을 받고 내 이야기를 들어줄 준비가 된 것이라 합니다. 남편과 아이들에게 귀를 열어주시고 맘껏 들어주신 다음 하나, 둘 편안한 마음으로 불필요한 사교육을 줄여가는 우리 가족만의 방법을 찾으시길 바랍니다.

아이들도 하루하루 살아가기 위한 에너지가 필요합니다. 그 에너지는 단순히 몸을 움직이기 위한 에너지가 아닙니다. 유쾌한 사고를 하고 행복을 느낄 에너지는 대부분 엄마, 아빠의 관계를 통해 만들어지고 엄마, 아빠를 통해 에너지가 빠져나가기도 합니다.

9

체크, 체크!

01

·········

사교육걱정없는세상 만들기
: 일상의 변화를 가져올 수 있는 실천방법

아이와 가족을 위한 일상적 실천방법	이유 또는 기대되는 효과
아이의 말과 행동보다 숨은 감정 찾아 말하기	감정 코치의 방법으로 관계의 시작입니다. 아이와 대화(토론)를 나눌 때 일방적인 지시가 아닌 소통을 하기 위한 기본입니다. 숨은 감정 찾으면 감동을 받습니다.
남편(아내)이 요즘 관심이 있는 것 공감하기(먼저 말하기)	아는 것과 공감하는 것은 다르답니다. 우리 아이들의 성적과 진학에 대한 관심보다 아이에게 비치는 엄마, 아빠의 대화 모습이 어떨지 생각해보세요. 엄마, 아빠가 서로에 대한 관심이 많을수록 아이의 배려심도 깊어지겠지요.
'아깝다학원비!' 문패 달기	아이와의 약속, 다짐! 우리 아이가 바로 자라도 세상이 바뀌지 않으면 불필요한 경쟁으로 생기는 고통을 피하기 힘들지요. 사교육걱정없는세상 만들기에 함께하는 가족 약속입니다. (신청은 다음카페 사교육걱정없는세상에 문의해 주세요.)

엄마, 아빠만
사교육 하면 된다

불필요한 사교육 줄이기	사교육이 생각날 때 이런 생각 어때요? 하나. 학교에서 해결할 수 없나? (웬만한 건 학교에서 해 줘야 합니다.) 둘. 아이가 혼자 해결할 수 없는 건가? (왜 혼자 하기 힘들까요?) 셋. 정말 필요한 사교육이라도 무엇을 목표로 할 것인지 계획 세우기. 넷. 필요한 것을 얻었다면 언제 그만둘 것인지, 사교육을 하더라도 그만둘 때를 미리 정해야 합니다. 다섯. 그날 배운 것을 하루가 지나기 전에 책을 보고 설명할 수 있는지, 아이가 스스로 확인 할 기회를 만들어 주세요.
거실에 TV 없애고, 대화 시간 늘리기	TV 없앤다고 모든 게 해결되지는 않지요. 하지만 암묵적인 무관심에서는 벗어날 수 있을 거 같습니다. 거실에 TV가 있는 가정에서 TV를 거실에서 치운다면 그 자체로 상징적인 의미가 있습니다. '우리 서로 가족에게 조금 더 관심을 갖자.'라는 신호탄으로 생각하면 좋겠습니다.
(학습지도)공식 암기보다 원리를 설명할 수 있도록 지도	모든 문제 유형을 기억하는 것보다 기본 원리를 바탕으로 한 응용능력을 높이는 것이 중요하지요. 선행, 선수학습보다 심화학습이 더 중요한 이유입니다.
아이들이 원하는 엄마, 아빠 되기	솔선수범! 아이들이 변하기 바라기 전에 먼저 엄마, 아빠가 긍정적으로 변해야지요.
매일 한 시간 이상 TV, 컴퓨터(게임), 책, 핸드폰 사용하지 않고 계획해서 놀기	고3도 하루에 2시간 이상은 완전한 자유(여가)시간이 있어야 합니다. 효과적인 공부는 양이 아니라 집중이란 걸 알지만 어렵다고요? 우리, 솔직해져야 합니다. 물론 학교 수업이 제일 중요하지요. 수업시간에 집중하려면 평소에 하고 싶은 것을 해야 합니다. 수업시간에 집중 못하고 상상으로 게임을 하고 문자 보내는 것을 원하지는 않으시죠? 그 시작은 매일 한 시간 이상 계획해서 놀기랍니다.

우리 아이가 눈뜨고 잠들 때까지 하고 싶은 것을
할 수 있도록 함께 고민하고 지원하겠습니다!

우리 아이가 하고 싶어 하는 것을 적어주세요. (　　　)

엄마·아빠께서 약속하신다면 오른쪽에 사인을 해주세요. (　　　)

사교육걱정없는세상을 위한 일상적 실천방법	이유 또는 기대되는 효과
사교육걱정없는세상 카페 지인에게 추천하기	가까운 지인 중 아직 사교육걱정없는세상 카페를 모르는 사람이 있나요? 혼자만 열심히 활동한다면 나중에 서운하다는 이야기를 듣게 됩니다. 사교육걱정없는세상을 지인과 함께 즐겁게 만듭시다.
정회원, 후원회원 가입하기	사교육걱정없는세상 운동은 우리의 힘으로, 국가의 도움 없이, 우리가 정부다! 정회원과 후원회원이 있기에 사교육걱정없는세상이 이렇게 가까이에 왔습니다. 함께해 주세요.
지역 모임 회원, 사교육걱정없는세상 회원에게 문자 보내기, SNS 하기	사교육걱정없는세상은 나가 아니고 우리입니다. 서로 감동을 받아야죠.관심은 시작입니다. 카톡으로! SNS로 자주 만나요!
자동차에 사교육걱정없는세상 스티커 붙이기	사교육걱정없는세상 문패 달면 스티커가 옵니다.
사교육걱정없는세상 가방 들고 다니기	작은 책 '아깝다학원비'와 '아깝다! 영어헛고생'을 함께 가지고 있다가 가방에 관심을 보이면 건네주고 알려 주세요.

엄마, 아빠만
사교육 하면 된다

	불필요한 사교육을 줄인다고 생각하고 그 돈으로 가족 여행을 떠나는 거예요. 여행 계획을 세워 보세요. 여행은 준비할 때, 여행 중에, 갔다 와서 등 모든 시간을 행복하게 해 줍니다. 제대로 여행하기 위해 인생을 바치라는 말도 있지 않나요?
지금 이 순간 어떻게 해야 할지, 무엇부터 해야 할지 모르겠다면!	내 이야기를 하기보다 누군가에게 가서 그 사람의 이야기를 들어주세요. 그리고 상대방의 이야기를 내 목소리로 상대방에게 들려주세요. 당신과 문제가 있는 사람도 상관없습니다.
	사교육걱정없는세상 카페나 다른 공간에 남겼던 나의 흔적을 찾아보세요.
	나와 영향을 주고받는 사람을 다시 한 번 적어 보세요.
	사교육걱정없는세상 사무실에 전화해서 물어보거나 찾아가세요. 전국 어디서든 하루면 갈 수 있을 겁니다. (단, 일요일과 공휴일은 사무실 문이 잠겨있고 핸드폰도 꺼져있을 수 있습니다.)

나 자신을 위한 일상적 실천방법	이유 또는 기대되는 효과
내가 지금 얼마나 행복한지 생각하기	하루 세끼 먹는 것으로 걱정하고 있나요? 아픈 곳이 있어 걱정하고 있나요? 사랑할 사람이 없나요? 내가 필요한 사람이 없나요? 최근 한 달 동안 맘껏 웃고 감동 받았던 적이 없던가요? 하루에 20분은 아무것도 하지 않고 멍하니 있을 수 있기를 바랍니다.
사교육걱정없는세상의 좋은 글 읽기	감동뿐만 아니라 교훈과 좋은 생각, 정보를 주는 사교육걱정없는세상의 좋은 글 읽기를 통해 사교육걱정없는세상을 함께 만들어 가는 걸 느낄 수 있습니다.
지역 모임 참석하기	사교육걱정없는세상은 지역 모임에서 옵니다. 지역 공동체 만들기에 대한 생각도 시작하세요. 등대지기 학교를 수강하고 졸업하시면 지역 모임의 중요성을 더욱 자세하게 알게 됩니다. 나와 가족을 위한 실천과제, 지역 모임은 필수랍니다.
사교육걱정없는 세상 강연 찾아 듣기	등대지기 학교, 진로 학교, 영어 포럼. 다수의 전문가와 함께하는 전문지식 쌓기와 감동 나누기로 나와 아이와 우리 가족에게 행복을 선물해요.
가족뿐만 아니라 이웃 사람들에게 필요한 사람임을 느끼기! 맞다고 생각한 것 주변 사람들에게 열심히 이야기하기	진정 알고 있다는 것은 다른 사람들에게 이야기할 수 있을 때입니다. 건강한 이웃 행복한 아줌마·아저씨가 되어야지요. 확신은 생각보다 실천을 통해 얻어집니다.
공부! 책과 강연보고 소감문 쓰기	나를 위한 시간 배움을 통해 지금의 나를 돌아보는 시간입니다. 가까운 인문학 독서 모임 등에도 관심을 가져 보세요.

엄마, 아빠만
사교육 하면 된다

아이의 성적보다 관심 가질 대상 찾아 몰두하기	아이의 눈으로 봤을 때 엄마, 아빠가 어떤 일에 몰두하고 행복할 수 있다는 것을 알게 되면 그것을 바로 자신에게 투영해서 진로를 결정할 무언가에 관심을 가지고 몰두할 수 있습니다. 무엇보다 엄마, 아빠가 행복하면 관대해지겠죠?
삶과 죽음! 아름다운 인생에 대해 사색하기	내가 아닌 다른 사람과의 관계에서 감동과 행복을 찾는 것은 자연스러운 거 맞나요? 어디서부터 시작해야 할까요? 인간과 자연을 이루는 대부분 물질의 고향이 정말로 별 이란 거 아세요?
나로 인해 삶이 긍정적으로 변화하는 사람들 생각하고 연락하기	책임을 진다는 것은 다른 사람의 인생에 내가 영향을 준다는 것입니다. 영향을 주지 못하는 실천은 감동이 없습니다.
나와 영향을 주고받는 사람을 적어 보기	내가 영향을 주는 사람, 나에게 영향을 주는 사람, 나와 상호 교류하면서 주고받는 사람!
매일 진한 감동을 받기 위해 노력하기	감동이 주는 에너지는 사교육걱정없는세상을 함께 만들어 가는 중심 기운입니다. 눈뜨고 잠들 때까지 하고 꼭 하고 싶은 것을 하셔야 합니다. 하고 싶은 일이 없다면? 당연히 먼저 만들어야겠지요.
아침마다 오늘 감동 계획 세우기	아침에 눈을 뜨면 내가 받을 감동, 만들 감동, 줄 감동에 대해서 구체적으로 생각해 봅니다. 일정 중심이 아닌 마음과 감정 중심으로 하루를 설계해 보는 것입니다. 누구는 명상이라고도 하지요.
실천한 사람들의 이야기를 잘 보이는 곳인 냉장고나 화장실 앞에 붙여 놓기	특별한 사람만 사교육걱정없는세상과 함께하는 것이 아니지요. 평범한 사람들이 실천한 이야기를 통해 나의 일상에서 사교육걱정없는세상을 만나 보세요. 힘들지도 어렵지도 않은 일상 속에서요!

학교를 위한 일상적 실천방법	이유 또는 기대되는 효과
학교 운영위원 되기	가장 효과적인 공교육 변화, 운영위 회의는 우리 아이가 다니지 않는 학교에서도 참관할 수 있어요. 누구나 참관할 수 있습니다. 전교조에서 2012년에 만든 '학교를 바꾸는 학교운영위원회 길라잡이'를 읽어보시고 다음 운영위 회의를 예약하세요! 우리 아이 학교에 긍정적인 변화를 선물하세요. 엄마, 아빠가 희망입니다.
담임선생님께 상담전화 요청 문자 보내기	선생님께서 문자를 보고 전화하실 때까지 무슨 생각을 하실까요? 바쁘실 것 같아 문자를 드렸다고 하시고, 선생님께 고생하신다는 말씀만이라도 하고 끊으셔도 아이에 대한 선생님의 관심은 높아집니다.
아이 담임선생님께 격려와 감사의 쪽지(카드) 쓰기	교사들의 참여와 헌신 없이 교육개혁은 불가능하지요.
사회를 위한 일상적 실천방법	이유 또는 기대되는 효과
이웃에 '아깝다학원비!' 나눠주기	사교육걱정없는세상 장바구니가 나오면 정말 좋겠지요? 장바구니 안에 '아깝다학원비!'와 '아깝다! 영어헛고생' 소책자를 넣는 공간이 있어도 좋겠어요. 이웃에게, 외식하는 음식점 사장님에게, 곳곳에서 만나는 사람들에게 '아깝다학원비!'와 '아깝다! 영어헛고생'을 나눠 주세요. 처음에는 어색하지만, 그다음부터는 은근히 즐겁습니다.
'아깝다학원비!' 문패 달기	불안을 조성하는 옆집, 앞집, 윗집, 아랫집이 아닌 건강한 이웃! 고마운 이웃집 되기.
지역 아동센터 등에서 무료 학습(상담) 지도하기	사교육걱정없는세상에서 배운 것을 사회에 환원해야지요. 엄마, 아빠의 사회활동은 아이들에게 산교육이 됩니다. 자연스럽고 즐겁게 봉사해 보세요. 주위에 봉사할 곳이 없다면 사교육걱정없는세상에 자원봉사하셔도 됩니다.

선거 참여 일꾼 잘 뽑기	대한민국은 민주 공화국이다. 대한민국의 모든 권력은 국민에게서 나온다.
지역 등대 모임에서 실천 프로그램 발전시키기	일상생활에서의 실천 프로그램을 지금처럼 함께 만든다면 지역 등대 모임을 통해 더욱 유익하게 만들 수 있겠지요. 지역 모임에서 모일 때마다 괜찮은 주제가 될 수 있을 것 같습니다.

전국에 사교육걱정없는세상을 꿈꾸는 부모님 모임이 있습니다. 불필요한 사교육을 줄이고 '자기주도학습이 가능한 아이!' '진학보다 진로중심으로 자신의 일상을 책임질 수 있는 행복한 아이!'는 엄마, 아빠의 행복에서 출발합니다. 함께 노력해 봅시다!

사교육걱정없는세상 다음카페 홈페이지

http://cafe.daum.net/no-worry

02

·········

자기주도력 검사

- 자기주도 학습능력 체크리스트 -

이름

초등학교 5학년 이상의 자녀가 있다면 아래의 표를 자녀가 작성하게 한 후 상담해 주세요. 아이의 자기주도력을 '학교, 가족, 개인, 놀이, 친구, 시험, 유혹, 진로적성' 8가지 영역별로 점검해드리겠습니다.

한 문항을 오랫동안 생각하지 마세요. 각 문항을 읽고 해당 번호를 답안지에 표시하면 됩니다.

보기: 1. 전혀 그렇지 않다. 2. 별로 그렇지 않다. 3. 보통이다.
4. 대체로 그렇다. 5. 매우 그렇다.

번호	항 목	1	2	3	4	5
1	학교 수업시간에 좋아하는 과목은 집중이 잘된다.					
2	부모님은 내 학습계획을 믿고 따라 준다. (간섭하지 않는다.)					
3	모르는 것이 생기면 알 때까지 노력한다.					
4	매일 놀고 싶은 것이 있다.					
5	친구들과 함께 공부해도 혼자 할 때와 큰 차이가 없다.					
6	시험공부는 내가 계획한 대로 진행된다.					
7	내가 계획한 것을 할 때, TV 시청과 컴퓨터 등은 안 할 수 있다.					
8	난 내가 정말 좋아하는 것이 무엇인지 알고 있다.					
9	학교 수업시간에 좋아하지 않는 과목도 수업은 잘 듣는 편이다.					
10	큰 문제가 아니면 부모님의 충고(조언)보다 내 계획대로 생활하는 편이다.					

11	모르는 것이 생기면 빠르게 답을 찾는 방법을 알고 있다.					
12	매일 놀고 싶은 것이 있고 그 놀이를 꼭 할 수 있도록 한다.					
13	시험공부할 때 친구들과 문제를 내고 맞추는 것은 효과적이라고 생각한다.					
14	시험대비는 시험 기간보다 평소 수업시간을 통해 해결되는 편이다.					
15	공부할 때 핸드폰은 날 방해하지 않는다.					
16	난 잘하는 것보다 좋아하는 일을 하는 편이다.					
17	학교 수업 중 모르는 것은 바로 해결하려고 노력한다.					
18	부모님은 내가 요즘 무엇을 좋아하는지 알고 계신다.					
19	혼자서 계획을 세우는 것을 좋아한다.					
20	매일 눈뜨고 잠들 때까지 하고 싶은 것이 있다.					
21	공부할 때 친구들에게 도움을 받기보다 주는 편이다.					
22	시험공부 시간은 부족하지 않은 편이다.					
23	내가 하고 싶은 것을 할 때 다른 일에 관심을 가지거나 빠지지 않는다.					

24	잘하지 못하지만 좋아해서 하다 보면 잘하게 된다고 생각한다.					
25	학교 수업을 마치고 이해한 내용은 책을 보고 설명할 수 있다.					
26	우리 부모님은 다른 어른들보다 행복하다.					
27	내가 계획한 것은 시간이 걸려도 중간에 포기하지 않고 끝까지 가는 편이다.					
28	매일 눈뜨고 잠들 때까지 하고 싶은 것이 있을 때는 꼭 하고 잔다.					
29	자기주도학습력이 높은 친구를 쉽게 찾을 수 있다.					
30	시험공부는 주요 과목뿐만 아니라 모든 과목을 대비한다.					
31	원하는 것을 이루기 위해서는 다른 것을 잠시 포기하거나 멈출 수도 있다.					
32	잘하는 일보다 못하더라도 좋아하는 직업을 선택할 것이다.					
33	수업 도중 모르는 것을 물어보는 건 어렵지 않다.					
34	부모님과 이야기할 때 듣기도 하지만 내 이야기도 부모님께 많이 한다.					
35	나는 내가 계획한 대로 못 했을 때 그 이유를 아는 편이다.					
36	나는 새로운 놀이를 쉽게(힘들이지 않고) 생각해서 하는 편이다.					

37	친구들과 평소에 잘 놀고 그것이 공부할 때 도움이 된다고 생각한다.					
38	시험공부는 선행 학습 후 많은 문제를 푸는 것보다는 복습과 오답 노트를 공부하는 것이 더 좋다.					
39	공부(놀이)할 때 다른 생각을 하거나 하고 싶은 것을 생각하는 사람은 아니다.					
40	존경하는 사람이 있고 그 사람처럼 되려고 노력한다.					
41	학교 가는 것은 즐거운 일상이라고 생각하는 편이다.					
42	부모님은 내 감정을 잘 알고 있거나 잘 알아준다.					
43	많은 계획을 세우고 대충 하는 것보다 적은 계획을 모두 실천하는 편이다.					
44	같은 놀이를 하더라도 전과는 다른 새로운 놀이가 될 때가 있다.					
45	친구들에게 모르는 것을 설명해주면 친구들은 이해를 잘한다.					
46	시험대비를 위해 학원 문제집보다 학교 선생님의 프린트와 교과서 필기를 먼저 본다.					
47	집중할 때 방해할 수 있는 것이 있다면 먼저 정리하고 시작한다.					
48	내가 잘하는 것도 알고 있지만, 내 적성이 아닌 것이 무엇인지도 알고 있다.					

49	선행과 예습보다 복습에 집중하는 편이다.					
50	나는 부모님의 행복 또는 불행의 이유를 잘 알고 있다.					
51	나는 하고 싶은 걸 마음대로 해 본 경험이 많은 편이다.					
52	놀고 나면 스트레스가 풀리거나 에너지가 넘친다.					
53	내가 집중해서 무언가를 할 때 친구들은 조용히 하거나 도와주려 한다.					
54	시험 보는 날이 가까워질수록 당황하기보다 무엇을 해야 할지 명확히 알고 있다.					
55	친구들과 함께 공부해도 약속한 시간 동안에는 친구와 놀지 않는다.					
56	내가 좋아하는 것은 매일 할 수 있고 그것은 앞으로 내 꿈과 관련이 있다.					

초등학교 4학년 이하 학생들의 경우 아이에게 직접 맡기기보다 부모님께서 대화를 통해 하나하나 체크해 보시면 됩니다. 아이가 잘 협조하지 않는다면 결과를 위해 억지로 확인하지 말고 이번을 계기로 아이와 소통에 신경을 더 써 주세요. 이것은 검사 결과가 목적이 아니라, 이 과정을 통해 부모가 아이의 자기주도성을 위해 무엇을 함께 고민해야 하는지 되돌아보기 위한 것임을 기억해 주세요.

이름			자기주도력 점검 결과 분석표						
	A 학교	B 가족	C 개인	D 놀이	E 친구	F 시험	G 유혹	H 진로적성	
번호	1	2	3	4	5	6	7	8	
검수									
번호	9	10	11	12	13	14	15	16	
검수									
번호	17	18	19	20	21	22	23	24	
검수									
번호	25	26	27	28	29	30	31	32	
검수									
번호	33	34	35	36	37	38	39	40	
검수									
번호	41	42	43	44	45	46	47	48	
검수									
번호	49	50	51	52	53	54	55	56	
검수									
합계	0	0	0	0	0	0	0	0	
총점 (만점280)	0		항목당 최고점수 35점						
평균	0.00								

응답자가 체크한 1~5의 값을 위 표에 옮겨 적은 후 8개의 문항별로 합계를 내면 됩니다. 엑셀 파일인 경우(다음카페 사교육걱정없는 세상에서 '자기주도력 검사'로 검색 후 다운받으세요.) 문항별 점수를 기록하면 자동 합계가 됩니다. 56개의 문항 모두 4 또는 5가 되는 방법을 학생과 부모가 함께 이야기하고 실천하길 바랍니다.

이 책은 크라우드 펀딩 방식으로 출판되었습니다. 출판 후 첫 인세가 지급되는 3개월 뒤 후원해 주신 분들에게는 소정의 인세와 함께 원금을 돌려드립니다. 펀딩에 참여해 주신 분들께서 응원의 말씀을 남겨 주셨기에 이 공간에 옮겨봅니다.

아이보다 부모가 문제인 걸 뒤늦게 깨닫습니다. 선생님 책이 많이 읽혀서 많은 부모님들이 이 새로운 세계를 알게 되면 좋겠습니다.

책 대박 나고 사교육걱정없는세상 꼭 실현되길 기도합니다.

많이 파세요. 화이팅! 화이팅입니다.

세상을 이 지경으로 만들어 놓은 주범이 아니길 바라며, 문화가 혁명임을 가슴 깊이 새깁니다!

교육부 방침이 바뀌어야 한다.

아이들 행복 첫걸음은 바로 부모님이십니다. 아이를 진심으로 존중하고 사랑하는 행복한 밥상이 필요한 요즘인 것 같습니다.

좋은 책 내주십시오.

맹모삼천지교라는 말이 있듯 아이의 교육에는 부모의 역할이 매우 중요합니다. 하지만 무작정 열을 올리고 닦달하는 게 진정한 부모의 역할일까요? 사교육 현장에서 오랜 시간 학생과 부모님들을 관찰해온 신현승 선생님이 들려주시는 부모 사교육론이 좀 더 행복하고 자유로운 한국 학생들을 키워내는 데 기여할 것이라 믿습니다.

그동안 오랜 강의 경험을 이렇게 책으로 출간하시게 되니 정말 기쁘네요. 많은 분들이 보시고 실질적 도움이 되었으면 좋겠습니다.

제목에 완전 공감합니다!

책 내용이 정말 궁금한데요! 얼른 읽어보고 싶습니다. 고맙습니다.

내용도 모르고 묻지 마 참여를 합니다. 책이 아니라 저자에 대한 신뢰 때문이죠.
우리 아이들도 성장의 결과를 모르지만 응원합니다. 바로 아이들을 그저 믿기
때문이 아닐까요?

작은 소망들이 모여 아이들이 좀 더 밝아지길 기대해 봅니다.

꼭 잘 되기를 바란다.

유익한 책이 되었으면 합니다.

사교육 없는 세상, 대한민국의 모든 학부모와 학생들을 해방시키는 자유,
그 날이 올 때까지….

서울 자주 오세요.

응원합니다!

일과 삶으로 잘 풀어가네요. 화이팅!

감경미	김광륜, 박미선	김비채	김유정	김창용
감경성	김광영	김상희	김유철	김철효
강낙원	김광희	김선경	김윤경	김춘희
강미경	김교영	김선미	김윤희	김충도
강미정	김규환	김선미, 백효석	김은	김태복
강신미	김기언	김선영	김은숙	김태영
강재규	김대승	김선자	김은정	김태은
강주용	김대현	김설미	김의환	김태좌
강지숙	김덕봉	김성은	김인미	김태환
강태모	김동은	김성천	김인숙	김해경, 남용식
강현주	김동훈	김소정	김인충	김해영
강혜정	김명신	김수경	김일기	김해진
고영남	김묘선	김수진	김재금	김향량
고창권	김문순	김순애	김정미	김형수
공귀숙	김미경	김승연	김정숙	김혜련
공윤권	김미선	김승현	김정순	김혜순
곽려원	김미정	김연화	김정택	김혜정
곽진호	김미화	김연희	김종근	김혜진
곽현미	김민경	김영경	김종인	남경일
구두회	김민정	김영길	김주원	남연우
구본남	김민지	김영숙	김지관, 김옥회	남태일
구수진	김민태	김영철, 정미린	김지윤	남형은
구윤영	김민하	김영학	김지은	노미란
구정선	김민화	김영호	김진경	노임선
권미경	김보경	김옥매	김진규, 임지은	노정애
길승현	김보섭	김외순	김진영, 이주영	노주런, 이진우
김경수	김부경	김용주	김진태	도한영
김관순	김부금	김원종	김진희	라현정

류덕선	박재원	서경호	송봉준	신찬호
류하식	박정미	서광회	송석찬	신태준
마지현	박정순	서명옥	송영애	신태환
문연숙	박종미	서미경	송인수	신향미, 방승관
민소현	박종태	서미연	송임화	신희정
민현미	박준석	서우향	송창규	심영미
민홍철	박준영	서윤경	송화원	심지원
박경윤	박준회	서정필	신경숙	안병재
박대영	박지은	서준영	신경식	안연구
박미경	박지현	서채은	신동윤	안정미
박미선	박태남	서현	신미영	안진서
박미승	박학민	서회	신민수	안진회
박미영	박혜성	선경회	신보민	안혜란
박민정	반성미	선광남, 김맹업	신보민	양세아
박병주	방소은	선병숙	신보현	양정연
박봉열	방진식	선수남, 한미자	신상훈	양혜윤, 류근덕
박부홍	배병돌	선수일, 유혜숙	신숙경	양희성
박상윤	백경환	선수자	신승현	엄효진
박선미	백근영	선수정, 현미경	신승호, 김혜영	여복남
박선욱	백기열	선창남, 김용심	신은아	여옥순
박선주	백서은	성경미	신인철	오복순
박성호	백선숙	성옥녀	신정순	오성은
박소영	백성주	성인숙	신정원	오세주
박수영	백은희	손병환	신정원	오은아
박순용	백주연	손영회	신종찬	오이석
박시영	변경미	손은경	신지현	오진욱
박요셉	변정회	손재현	신지후	오현회
박일성	복영숙	손지연	신진주	오희정

우재호	이민우	이인숙	임미옥	전선영
우철구	이봉수	이재목	임선희	전승남
원정희	이상묵	이재영	임성관	전영미
유경수	이상출	이전분	임정근	전인선
유미자	이서라	이전우	임지현	전인식
유미화	이선미	이정민	임채란	전재영
유한상	이선주	이정임	임철진	전종욱
유형선	이성희	이정필	임화숙	전준호
윤민지	이세랑	이정현	장경수	전진우
윤성광	이수미	이정호	장근영	정경윤
윤승구	이순심	이종혁	장동금	정경자
윤영희	이승민	이주리	장미희	정기현
윤지운	이승현	이주회	장상준	정기환
윤지회	이시은	이준규	장순남	정나연
윤택준	이연우	이준영, 윤문자	장영수	정동선
이경교	이영순	이지혜	장영자	정문구
이경애	이영철	이찬서	장영환	정선희
이경희	이영호	이판돌	장원석	정소영
이규식	이예은	이한준	장원일	정수현, 안홍성
이기랑	이예진	이현숙	장원재	정순남
이남덕	이오복	이현주	장천수	정순복
이남우	이용순	이혜랑	장태근	정영미
이대학	이우진	이혜미	장훈정	정영방
이동주	이윤선	이혜숙	장희철	정영수
이렬	이윤호	이혜영, 전동환	전광재	정영신
이말금	이윤희	이홍화	전기윤	정원일
이미경	이은정	이훈희	전미자	정은진
이미영	이은주	임문식	전미희	정의태

정일	조봉준	채수민	하늘빛	한지훈
정재현, 하은숙	조성두	채아름	하림, 김은미	함은경
정종화	조성학	최미나	하무찬	허성곤
정종희	조연진	최미영	하민우	허영조
정지자	조옥순	최민경	하선영	허해영
정지현	조월신	최병인	하은실	허현주
정진영	조은영	최성순	하이국	허혜정
정진웅	조인현	최숭연	하진우	홍남선
정철성	조정숙	최영동	하태웅, 허수련	홍보라
정춘덕	조효철	최영선	하효림	황성철
정현정	조희옥	최영이	한귀주	황영미
정혜나	주민근	최영주	한다영	황인춘
정혜원	주정덕	최윤정	한만천	황준일
정혜정	주하연	최은호	한맹님	황찬준
정호열	주한홍	최인규	한맹옥	송미정, 이정남
정희영	주혜연	최재영	한명석	정선아
제미영	주희성	최지숙	한명희	
조귀순	지미영	최호영	한승택	
조남홍	차미정, 이기윤	최호철	한윤구	
조도경	차윤회	최효경	한정원	
조동주	채봉규	추명순	한지연	
조민경	채송아	하늘	한지현	

'엄마, 아빠만 사교육 하면 된다!'가
세상에 나올 수 있도록 관심과 도움을 주셔서 감사합니다.
그리고 이 모든 과정에서 격려와 지원을 아끼지 않았고 이제는 함께 방송을
진행하고 있는 임지현에게 무한한 고마움을 전합니다. 여보, 사랑해!